本书系国家社会科学基金教育学青年课题"民办高校分类管理风险评估和防范对策研究"（课题批准号：CIA170273）最终研究成果。

此项目经全国教育科学规划领导小组办公室审核准予结项，并免于鉴定。

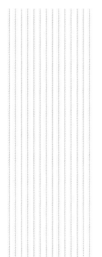

民办高校分类管理
风险评估和防范对策研究

景安磊 ◎ 著

中国社会科学出版社

图书在版编目（CIP）数据

民办高校分类管理风险评估和防范对策研究／景安磊著.—北京：中国社会科学出版社，2022.6

ISBN 978 – 7 – 5227 – 0227 – 8

Ⅰ.①民…　Ⅱ.①景…　Ⅲ.①民办高校—风险管理—研究—中国

Ⅳ.①G648.7

中国版本图书馆 CIP 数据核字（2022）第 089138 号

出 版 人	赵剑英
责任编辑	安　芳
责任校对	张爱华
责任印制	李寡寡

出　　版	中国社会科学出版社
社　　址	北京鼓楼西大街甲 158 号
邮　　编	100720
网　　址	http://www.csspw.cn
发 行 部	010 – 84083685
门 市 部	010 – 84029450
经　　销	新华书店及其他书店

印　　刷	北京明恒达印务有限公司
装　　订	廊坊市广阳区广增装订厂
版　　次	2022 年 6 月第 1 版
印　　次	2022 年 6 月第 1 次印刷

开　　本	710 × 1000　1/16
印　　张	12.25
插　　页	2
字　　数	128 千字
定　　价	68.00 元

前　　言

　　本书以营利性和非营利性民办高校分类管理风险评估与防范为主线，坚持问题导向、政策趋向、服务面向，综合运用文本分析、政策分析、数据统计、访谈调查、案例分析等多种定量和定性相结合的研究方法，全面吸收民办学校分类管理相关理论成果、实践成果、制度成果，系统梳理了2010年至2020年民办高校发展及分类管理改革进展，深入剖析民办高校分类管理改革的核心要义、政策导向、风险堵点、防范对策等，努力为有序推进民办高校分类管理改革提供对策思路。总体来看，我国新时代民办教育新法新政和民办学校分类管理改革体现了加强党的领导、注重优质特色办学、彰显平等原则、优化差异化体系、尊重民办教育特点的政策导向，呈现出依法依规推进、完善配套制度、落实依法治校、保障合法权益等时代特征。同时，分类管理改革面临诸多挑战、进展比较缓慢，尤其是民办高校层面的分类管理改革，在政策实施、办学行为、内外治理、资产财务管理、运行模式、校园安全稳定等领域存在风险堵点，需要提高政策风险化解能力，强化民办高校依法办学行为，优化内外协同治理体系，完善资产财务管理制度，规范集团化和资本化运行模式，健全安全稳定风险防范机制。具体内容如下：

第一章主要介绍民办学校分类管理政策框架发展历程。2010年以来，在经过试点改革探索、法律法规修订和政策配套制定后，我国民办教育法制建设的重要领域和关键环节改革取得突破性进展，营利性和非营利性民办学校分类管理的主体框架基本确立，形成了以《中华人民共和国民办教育促进法》（简称《民办教育促进法》）及《中华人民共和国民办教育促进法实施条例》（简称《实施条例》）为上位法律法规、以国务院《关于鼓励社会力量兴办教育促进民办教育健康发展的若干意见》为基本制度、以相关部委配套政策为支撑的顶层设计，民办学校分类管理正在进入法律法规和政策落地的新阶段。

1. 分类管理试点改革探索。2010年颁布的《国家中长期教育改革和发展规划纲要（2010—2020年）》提出要积极探索营利性和非营利性民办学校分类管理，为我国民办教育改革发展提供了基本思路。但是，民办学校分类管理涉及面广、利益相关群体多、历史情况复杂，基于当时民办教育发展的实际情况，政府管理部门采取了先行试点、总结推广的改革推进方式，探索在控制改革风险的同时，通过有效的推广机制使试点经验较快普及，为全国范围内推进分类管理改革提供经验和借鉴。

2. 分类管理法律法规修订。修订后的《民办教育促进法》奠定了民办学校分类管理改革的法律基础，从上位法层面破解民办教育高质量发展面临的法人属性、资产权属、治理机制、政策体系、师生权益等方面的突出矛盾和关键问题，修订后《民办教育促进法实施条例》贯彻落实修法精神，细化和完善了分类管理制度，并处理好与有关法律、行政法规的关系，增强了可操作性。

3. 分类管理配套政策制定。为推进民办学校分类管理及民办教育新法新政落地，国务院及相关部门制定了一系列配套政策，确定了营利性学校与非营利性学校的划分标准以及营利性民办教育准入领域，构建了民办学校分类扶持、分类监管的政策体系，为彻底破解长期困扰民办学校发展的法人属性不清、财政扶持不足、优惠政策难以落实、办学自主权不到位等问题奠定了制度基础。

第二章民办高校分类管理政策实施风险评估及防范对策。改革争在朝夕，落实难在方寸，能否打通民办教育法律法规及其配套政策落地的"最后一公里"，是影响分类管理改革成效的重要因素。从各地政策落地情况看，民办高校分类管理改革进展比较缓慢，在政策实施、办学行为、内外治理、资产财务管理、运行模式、安全稳定等领域存在风险问题，需要建立健全风险防范体系，有效打通政策落实的"最后一公里"，努力化解"政策搁浅"和"制度失灵"的风险。

1. 民办学校分类管理导向及特征。总体来看，分类管理改革坚持问题导向和目标引领，凸显加强党的领导、注重优质特色办学、彰显平等原则、制定差异化制度体系、尊重民办教育特点的政策导向，在依法依规推进、完善配套制度、落实依法治校、保障合法权益等方面呈现出鲜明的时代特征。

2. 民办高校分类管理进展及风险堵点。从整个民办教育事业看，截至2020年我国民办高校有771所，占民办学校总数的比例不大，但其在校生规模占民办学校在校生总数的14.22%，且义务教育阶段的民办学校不能登记为营利性学校。因此，民办高校分类管理改革至关重要，将直接影响民办学校整体分类管理改革的进度。从目前改革进度看，与其他学段一样，民办高校分类登记和管理改革的进展比较缓慢，有的地区已经过了改革过渡期，改革工作存在"政策搁浅打折"和"制度失灵失效"的风险。主要风险点有：对相关法律法规和政策要求有误解和困惑；民办高校利益相关群体众多且诉求不一；部分民办高校举办者对权益保护有疑虑；不同部门对分类管理政策执行有分歧；对民办高校分类管理改革的风险评估不足等。

3. 民办高校分类管理政策风险防范对策。有效推进民办高校分类管理改革，需要针对工作实践中出现的新情况新问题，坚持目标导向和问题导向，加强政策宣传引导，凝聚分类管理改革共识；把配套政策措施细化实化，持续发力打好"组合拳"；积极回应举办者合理诉求，打消分类选择的后顾之忧；强化部门协同改革，做好分类管理政策风险评估；同步加强营利性和非营利性民办高校监管，破除改革梗阻和发展瓶颈；健全风险防范协同治理机制，提高政策风险化解能力。

第三章民办高校办学行为风险评估及防范对策。诚信办学是民办高校的立身之本，是覆盖办学资质条件、招生宣传与实习就业、学费标准与退费规范、教育教学质量、师生合法权益保障等领域的综合体系。加强民办高校诚信办学体系建设是有效防范办学风险的重要手段，也是提升民办教育治理能力的具体举措。

1. 民办高校诚信办学体系是新时代中国特色社会主义教育体制和民办教育治理机制的重要组成部分。它以教育及相关领域法规政策、标准和契约为依据，以健全覆盖民办高校及相关主体的诚信记录和诚信办学信息系统为基础，以办学信息合规应用和诚信服务体系为支撑，以树立诚信办学理念、弘扬诚信办学行为为内在要求，以守信激励和失信约束为奖惩机制，目的是提高民办高校及相关主体的诚信办学意识和信用水平，促进民办高校健康可持续发展。从发展历程看，社会信用体系建设和教育领域信用体系建设为民办高校办学行为提供了实践经验和政策依据。

2. 民办高校办学行为风险问题。在推进分类管理的关键时期，我国民办高校诚信办学行为与教育事业发展水平和民办教育发展阶段不匹配、不协调、不适应的矛盾突出，主要表现为办学条件不达标、招生就业宣传违规、教育教学质量难以保障、教师合法权益受损等几个风险点，主要原因有失信办学成本较低、诚信办学意识薄弱、特色定位不清晰、教师队伍建设滞后等。

3. 民办高校办学行为风险防范对策。有效防范民办高校办学行为风险，需要建立健全民办高校诚信办学体系，增强相关主体的诚信办学宣传教育，加强诚信文化建设，增强诚信办学意识和信念；完善诚信办学的制度规则和标准体系，制定相关政策法规和信息统计目录，明确办学信息记录主体的责任；构建诚信办学监管网络，加强教育督导和诚信基础工作，研制诚信办学信息系统和数据库，建立激励和失信惩戒机制；发挥行业协会纽带作用，培育全国性民办高校诚信办学中介组织，建立诚信办学等级的第三方评估制度；完善诚信办学自律机制，把诚信办学纳入学校章程，建立诚信办学承诺制度。

第四章民办高校治理风险评估及防范对策。民办高校治理主要包括内部治理和外部治理，直接体现了政府治理能力和学校自身治理能力。近年来，民办高校内外治理体系的规范化、精细化和科学化水平不断提高。面对政府、学校、社会新型关系的演变，促进民办高校的良法善治，需要有效防范风险堵点，同步完善内外治理体系。

1. 民办高校治理政策导向。当前，我国民办高校内外部治理体系不断健全，内部治理政策体现了加强党对民办高校的全面领导和完善民办高校治理结构的导向，外部治理政策体现了坚持依法治理民办高校、提高政府管理服务水平和依法保障办学自主权的政策导向。

2. 民办高校治理风险表现。总体来看，民办高校内外治理建设取得阶段性成绩，一些潜在风险堵点有可能影响分类管理改革的推进。在内部治理方面，主要是党的领导落实不到位、内部机构运行不顺畅、教职工参与民办管理不够等。在外部治理方面，部分地区民办高校办学自主权的政策明显滞后于其他地区、其他类型院校，改革纵向传导有"温差"、政策横向配套有"色差"、实际成效落地有"落差"，需要推动政府教育职能优化、治理制度简化、自主权改革深化、队伍建设力度强化。

3. 民办高校治理风险防范对策。防范民办高校内外治理风险，需要加强党对民办高校的领导，提高学校自主管理能力，变革外部治理模式，健全退出保障体系，落实和扩大办学自主权，加快构建政府依法行政、学校依法办学、教师依法执教、社会依法支持和参与治理的营利性和非营利性民办高校分类发展新格局。

第五章民办高校资产财务风险评估及防范对策。资产财务管理是民办高校改革发展的重要保障，准确完整反映了学校"家底"情况。依法清理核实和归类统计各类资产财务是有序推进民办高校分类管理改革的必经程序，有利于防范资产财务管理不完善带来的潜在风险。

1. 民办高校资产财务管理政策导向。当前，我国民办高校运行处于收支"紧平衡"状态，《民办教育促进法》《实施条例》及其配套政策进一步规范了民办学校资产财务管理，明确资产权属关系，建立分类收费管理机制，完善资金资产管理使用规则；

以问题为线索定点清除潜在风险，划清"公""民"界限，规范资本运作非法获利行为，完善关联交易监管制度和学校财务报告制度；强化营利性民办学校财务监管，健全财务核算和财务内控制度，确保学校安全稳定发展。

2. 民办高校资产财务风险问题。规范资产财务管理是推动民办高校分类管理改革的关键环节。长期以来，我国民办高校存在法人财产权落实不到位、资产权属关系不清晰、经费筹措渠道不畅通、财务资金管理不规范等风险问题，在一定程度上影响了民办高校分类管理改革进度和社会资本教育的预期。

3. 民办高校资产财务风险防范对策。稳步推进民办高校分类管理改革，防范资产财务风险，需要尽快对现有民办高校开展清产核资，全面核实学校各类资产、资金、债权、债务情况；拓宽经费筹措渠道，搭建融资担保和信息服务平台，在促进共同富裕背景下创新基金会办学、无举办者办学模式；多措并举降低民办高校办学成本，落实分类扶持政策；同步加强两类民办高校资产财务监管，建立专用账户监管和风险防范金制度。

第六章民办高校运行模式风险评估及防范对策。伴随民办学校分类管理改革的推进，集团化办学和资本化运作成为我国民办教育领域尤其是民办高等教育领域的重要办学模式。

1. 民办高校集团化和资本化办学模式发展态势。民办高校集团化办学以集团法人为办学主体，以集团资本为办学基础，以规模效应为办学优势，形成了具有生机活力的发展态势。截至2021

年 6 月，国内有 31 个民办高等教育集团旗下所属境内民办高校
127 所，在校生约 170 万人，分别占全国民办高校总数的 1/6 和
民办高校在校生总数的 1/4。其中，有 22 家民办高校控股公司在
香港上市，这些公司旗下所属的民办高校共 80 所（本科 49 所、
专科 31 所），在校生约 121 万人，分别占民办高校总数的 10.3%
和民办高校在校生总数的 17.1%。

　　2. 民办高校运行模式风险表现。当前，我国民办高校集团化
办学规模较大，办学层次类型多样，民办高校集团化办学有利于
放大规模办学效益、转换集团发展动力、完善学校治理体系、稳
定民办教育改革发展预期，同时也存在法律政策风险、办学方向
风险、教育属性风险和办学质量风险。资本化运作模式是民办高
校筹融资的一种方式，一方面，有利于拓展资金来源、扩大院校
声誉、促进规范治理；另一方面也潜藏政策法规冲突风险、监管
司法盲区风险和院校管理运行风险。

　　3. 民办高校运行模式风险防范对策。面对愈加复杂的民办高
校办学形态和愈加棘手的民办高校集团化办学风险，亟待直面问
题、加强研判，完善政策、强化监管，回应诉求、引导发展，采
取有效措施、规范引导民办高校集团化办学行为。同时，规范引
导民办高校上市行为，建立健全全方位的监管体系。

　　第七章民办高校安全稳定风险评估及防范对策。安全稳定工
作至关重要，是民办高校分类管理改革的底线要求。校园安全稳
定是民办高校专心发展、教师用心工作、学生安心学习的基本前

提和保障，也是整个社会治理工作的重要组成部分，既关系到民办高校自身的"小安全"环境营造，又关系到社会"大安全"格局构建。

1. 民办高校安全稳定的政策导向。为有效推进分类管理改革，中央和各地明确民办高校的设置标准和准入条件，设立负面清单和制定罚则办法，加强思想政治教育和德育工作，有效防范民办高校校园安全稳定事件的发生。

2. 民办高校安全稳定风险问题。校园安全稳定风险涉及面广、牵涉群体多、影响因素复杂，主要表现为校园安全管理风险和意识形态工作风险，校园安全管理风险主要表现为如师生人身安全、心理健康安全、学校转型发展引发舆情风险、疫情防控风险等；意识形态风险主要表现为校园内多种思想文化相互渗透影响、师生群体意识形态观念相对淡薄、应对网络新媒体工作策略方法不够、意识形态工作责任制落实不到位等。

3. 民办高校安全稳定风险防范对策。面对民办高校校园安全稳定的严峻形势和潜在风险，迫切需要建立健全安全管理制度和应急处突机制，全方位、全过程、全天候开展校园安全管理重点领域、重点场所、重点人群的风险监测评估工作，全面落实安全管理的主体责任；科学评估民办高校转型发展风险，精准识别关键风险点，加强转型发展方案解读和舆论引导；构建思政工作一体化推进格局，着力建设教师队伍"主力军"，拓展思想政治工作实施途径；牢牢掌握意识形态工作领导权，构建意识形态齐抓共管新格局。

目　　录

第一章　民办高校分类管理的政策历程及研究综述

改革开放四十多年以来，民办教育已经成为我国高质量教育体系的重要组成部分，在优化教育服务供给、深化办学体制改革、创新人才培养模式、促进经济社会发展等方面作出了不可替代的贡献。面向"教育现代化2035"，我国民办教育仍面临许多需要破解的问题和困难，其中尤为关键是有序推进营利性和非营利性民办学校分类管理改革。分类管理是突破长期制约民办教育高质量发展制度瓶颈的关键一招，是完善落实新时代民办教育制度体系的关键部署，也是促进民办教育规范健康发展、构建高质量民办教育治理体系的战略举措。

第一节　民办高校分类管理政策历程

对营利性和非营利性民办学校实行分类管理的实践探索和学

术讨论由来已久，早在《中华人民共和国民办教育促进法》（以下简称《民办教育促进法》）研究制定和施行前后就引发了社会各界的广泛关注，但受限于当时我国教育事业发展的实际情况和民办教育投资办学的阶段性特征，对民办学校实行分类管理改革的科学性和可行性还不具备。2010 年以来，在经过分类管理试点改革探索、教育法律法规修订和相关政策配套制定后，我国教育法制建设的重要领域和关键环节取得了突破性进展，民办教育改革全面发力、多点布局、纵深推进，改革的系统性、整体性、协同性不断增强，民办学校分类管理的主体框架基本确立。

一 分类管理试点改革探索

2010 年颁布的《国家中长期教育改革和发展规划纲要（2010—2020 年）》（以下简称《教育规划纲要》）明确提出，民办教育是我国教育事业发展的重要增长点和促进教育改革的重要力量，对民办教育要"大力支持"和"依法管理"，积极探索营利性和非营利性民办学校分类管理。"分类管理"的正式提出，为我国民办教育改革发展提供了基本改革思路。

但是，民办学校分类管理牵涉范围广、利益相关群体多、历史情况复杂，基于当时民办教育发展的实际情况，政府管理部门采取了先行试点、总结推广的改革推进方式，尝试在控制改革风险的同时，通过有效的推广机制使试点经验较快普及，为全国范围内推进民办学校分类管理改革提供经验和借鉴。2010 年 12 月，按照《教育规划纲要》的部署，国务院办公厅印发《国务院办公厅关于开展国家教育体制改革试点的通知》，设立"改善民办教育发展环境，深化办学体制改革"的专项改革试点，在上海市、浙江省、广东省深圳市、吉林华桥外国语学院探索营利性和非营利性民办学校分类管理办法。在此期间，浙江省温州市作为试点区，为各地在民办学校分类管理特别是现有民办学校选登记营利性民办学校方面做了积极有益的探索。这些试点在探索中创新、在创新中推进，积累了民办学校分类管理的实践基础和改革经验。到2016年全面启动新一轮民办教育改革时，民办学校分类管理可能存在的困难和问题都有了比较扎实的政策供给应对。

与此同时，民办学校分类管理的制度基础、社会基础和理论基础初步具备。首先，从经济环境观之，市场化改革为营利性民办学校的存在奠定了制度基础。改革开放四十多年以来，社会力量和民进资本进入教育领域的广度和深度持续扩大加深，为营利性民办学校的存在创造了政策空间。其次，从社会氛围来看，我国民办教育客观上存在投资办学的行为，社会各界对于所有民办学校都必须坚守"非营利"底线的要求有了新认识新突破，日益形成了对营利性民办学校的宽容态度，这就为营利性民办学校取得合法身份奠定了社会基础。最后，民办学校分类管理有关理论研究在关键领域取得了突破，尽管在学界内外还存在一些争论，但基本达成了共识，研究重点从"要不要实行分类管理"转向"如何实行分类管理"，主要涉及概念内涵、核心要义、政策配套、推进路径等领域，民办学校分类管理具备了一定的理论基础。

二　分类管理法律法规修订

（一）《中华人民共和国民办教育促进法》修订

为奠定民办学校分类管理改革的法律基础，从上位法层面破解民办教育高质量发展面临的法人属性、资产权属、治理机制、政策体系、师生权益等方面的突出矛盾和关键问题，2012 年教育部启动了《中华人民共和国民办教育促进法》（以下简称《民办教育促进法》）的修订工作。2012 年 7 月，教育部将《教育法律一揽子修订建议（草案）》（送审稿）报国务院审议。国务院法制办在广泛征求意见基础上，会同教育部等有关部门对送审稿进行了反复研究修改，形成了《教育法律一揽子修正案（草案）》，经国务院第七十七次常务会议讨论通过后，2015 年 8 月，提交第十二届全国人大常委会第十六次会议进行初次审议。2015 年 12 月 27 日，全国人大常委会第十八次会议审议通过《中华人民共和国教育法》《中华人民共和国高等教育法》，社会各界对民办学校分类管理制度设计存有诸多争议，尤其是关涉两类民办学校资产权属的部分有较大分歧，因此《民办教育促进法》修订案暂缓表决，但是修改后的《教育法》《高等教育法》删除了"任何组织和个人不得以营利为目的举办学校及其他教育机构"和"设立高等学校不得以营利为目的"的相关规定，这就为民办学校分类管理改革进一步扫除了法律障碍。

2016年11月7日，第十二届全国人大常委会第二十四次会议审议通过关于修改《中华人民共和国民办教育促进法》的决定（以下简称"修法决定"），规定民办学校的举办者可以自主选择设立非营利性或者营利性民办学校，并明确了分类管理的基本原则和核心制度，即非营利性民办学校的举办者不得取得办学收益，学校的办学结余全部用于办学；营利性民办学校的举办者可以取得办学收益，学校的办学结余依照公司法等有关法律、行政法规的规定处理。本次修法的最大亮点是确立了民办学校分类管理的法律依据，允许举办实施学前教育、高中阶段教育、高等教育以及非学历教育的营利性民办学校，但是不得设立实施义务教育的营利性民办学校。该决定自2017年9月1日起施行，民办教育改革进入分类管理新时代，分类管理制度体系初步建立。

（二）《中华人民共和国民办教育促进法实施条例》修订

为了贯彻落实《民办教育促进法》，教育部于2017年启动了《中华人民共和国民办教育促进法实施条例》（以下简称《实施条例》）修订工作，并于2018年4月发布《实施条例》征求意见稿，2018年7月向国务院报送了《中华人民共和国民办教育促进法实施条例（修订草案）》（送审稿），对现行《中华人民共和国民办教育促进法实施条例》进行修订。此后，司法部先后两次书面征求有关方面意见，并向社会公开征求意见。2019年1月，国务院第36次常务会议讨论并原则通过《中华人民共和国民办教育促进法实施条例（修订草案）》，司法部、教育部根据会议精神对草案作了修改，并遵照习近平总书记关于规范民办义务教育的重要指示精神和党中央、国务院领导同志批示要求，对草案作了进一步修改完善。2020 年 7 月，《国务院 2020 年立法工作计划》把"民办教育促进法实施条例（修订）"作为拟制定、修订的行政法规之一列入其中。2021 年 4 月 7 日，李克强总理签署第 741 号国务院令，正式公布了修订后的《中华人民共和国民办教育促进法实施条例》（以下简称《实施条例》）。《实施条例》修订的总体思路是：第一，贯彻落实党中央、国务院的决策部署，对民办教育坚持"支持"与"规范"并重的两条主线，进一步规范民办学校的举办、运行和管理，进一步加大对民办学校尤其是非营利性民办学校的扶持力度。第二，贯彻落实《民办教育促进法》的修法精神，细化和完善民办学校分类管理制度，并处理好与有关法律、行政法规的关系，增强政策可行性和可操作性。第三，着力破解民办教育领域长期存在的热点难点问题，及时反映了民办教育改革发展实践中出现的新情况、新问题，先解决实践中突出、认识比较一致的问题，然后在发展过程中再解决不太突出和还没有达成共识的问题，同时也为地方实施民办学校分类管理留有改革余地和政策创新空间。

三　分类管理配套政策制定

为推进民办学校分类管理及民办教育新法新政落地，国务院及相关部门制定了一系列配套政策，确定了营利性学校与非营利性学校的划分标准以及营利性民办教育准入领域，构建了民办学校分类扶持、分类监管的政策体系，为彻底破解长期困扰民办学校发展的法人属性不清、财政扶持不足、优惠政策难以落实、办学自主权不到位等问题奠定了制度基础。

2016年12月，《关于加强民办学校党的建设工作的意见（试行）》对民办学校党建工作提出明确要求，各级党委（党组）要充分认识做好民办学校党建工作的重要性、紧迫性，按照全面从严治党要求，加强党对民办学校的领导，确保学校按照党的要求办学立校、教书育人。

2017年1月，《国务院关于鼓励社会力量兴办教育促进民办教育健康发展的若干意见》（以下简称《民办教育健康发展若干意见》）全面部署了民办教育改革发展的各项政策措施，明确了"分类管理，公益导向"等5个基本原则，要求加强党对民办学校的领导、创新体制机制、完善扶持制度、加快现代学校制度建设、提高教育教学质量、提高管理服务水平。此后，相关部委及全国各省级政府纷纷出台配套政策和各地实施意见，建立了民办学校分类管理政策体系。

2017年1月，教育部、人力资源和社会保障部、民政部、中央编办、工商总局等五部委印发《民办学校分类登记实施细则》（以下简称《分类登记实施细则》），进一步明确了两类民办学校的设立审批、登记机关、事项变更和注销登记、现有民办学校分类登记等相关内容。同时，教育部、人力资源社会保障部、工商总局印发《营利性民办学校监督管理实施细则》（以下简称《监督管理实施细则》），建立了营利性民办学校监督体系，涉及营利性民办学校的设立条件、组织机构、教育教学、财务资产、信息公开、变更与终止、监督与惩罚等方面。此外，2017 年 8 月，工商总局和教育部印发《关于营利性民办学校名称登记管理有关工作的通知》（以下简称《名称登记管理通知》），进一步规范营利性民办学校名称问题。

2017 年 8 月，为贯彻落实《民办教育健康发展若干意见》，推动相关部门形成工作合力，推进民办学校分类管理，国务院办公厅发布《关于同意建立民办教育工作部际联席会议制度的函》，同意建立由教育部牵头的民办教育工作部际联席会议制度，主要职能是：在国务院领导下，统筹协调推进民办教育改革发展相关工作，健全社会力量兴办教育的政策制度。

2021 年 5 月，为全面贯彻落实全国教育大会部署，根据《中共中央、国务院关于深化教育教学改革全面提高义务教育质量的意见》等有关要求及《义务教育法》《民办教育促进法》的有关规定，中共中央办公厅、国务院办公厅印发《关于规范民办义务教育发展的实施意见》，要求强化民办义务教育规范管理。

2021 年 7 月，为贯彻义务教育由国家统一实施的要求，推动义务教育优质均衡发展，教育部等八部门印发《关于规范公办学校举办或者参与举办民办义务教育学校的通知》，对"公参民"

学校进行专项规范。

至此，我国民办教育领域有"一个修法决定""一部《民办教育促进法》""一个《实施条例》""一个部际联席会议制度"和"两个实施细则""两个通知""三个意见"，形成了以《民办教育促进法》及其《实施条例》为上位法律法规、以国务院《民办教育健康发展若干意见》为基本框架、以相关部委配套政策为支撑的顶层设计，民办学校分类管理正在进入法律法规和政策落地的新阶段。

第二节　民办高校分类管理研究综述

随着《民办教育促进法》《实施条例》及其配套政策科学化、精细化、系统化体系的建立，社会各界对有序推进分类管理政策落实落细的呼声日益强烈，学界对民办学校分类管理的研究日益增多并趋于集中。

一　国内研究及代表性观点

截至 2021 年 11 月底，通过"中国知网"查找包含"民办学校分类管理"主题词的文献 642 篇，"民办高校分类管理"主题词文献 270 篇；"民办学校分类管理风险"主题词文献 7 篇，其中"民办高校分类管理风险"主题词文献 3 篇。由于民办学校分类管理改革国家层面的顶层设计和配套文件刚出台，全国范围内推进民办学校分类管理改革的进展比较缓慢，围绕风险评估及防范对策的前瞻性和针对性研究较少。但在民办学校分类管理改革试点之前，以及试点展开之后围绕改革试点的相关研究已经有所涉及，包括综合研究和其他相关的地方研究。通过分析，发现以下特点：

从年份分布来看，成果数量呈逐年递增趋势。讨论"分类管理""分类管理风险"的研究文献主要集中在 2010 年前后、2016 年前后，主要原因是：随着《民办教育促进法》的实施，特别是 2010 年《教育规划纲要》提出"积极探索营利性和非营利性民办学校分类管理"以来，民办学校分类管理得到了社会的广泛关注，研究内容主要关注民办学校分类管理的政策内涵、试点改革和制度设计；2016 年前后，《民办教育促进法》的修订为民办学校分类管理提供了法律依据，正式揭开了分类管理改革的序幕，相关领域的研究普遍关注分类管理政策的核心要义、关键堵点问题、推进路径及其对民办学校带来的政策影响。

从文献涉及的学段来看，以民办学校整体作为研究对象的期刊文献相对较多，以民办高校作为研究对象的文献次之。可见，学界对各学段民办学校的关注度普遍提高但关注重点不同，其中对民办高校关注较多，主要集中在分类管理政策的具体要求、过渡期限及其对民办高校产生的综合影响。

从研究方法来看，绝大多数文献采用偏重思辨、文本分析的研究方法，采用包括问卷调查、实地调研、案例分析等在内的实

证研究方法的文献相对较少。此外，部分文献运用比较法研究了
国外私立学校分类管理的相关问题，以期为我国民办学校分类管
理政策提供借鉴和启示。

从研究主题看，已有研究主要涉及民办学校分类管理的试点
评估、政策分析、体制机制、制度设计、学校治理、管理服务、
师生权益、风险防范 8 个领域，探讨民办学校分类管理制度设计
的最多，关键词词频大小排序如下：分类管理制度、举办者、合
理回报、办学结余、法人属性、扶持政策、法人财产权、制度设
计、法律规制、税收优惠政策等。本部分全面梳理分析民办学校
分类管理风险评估及防范对策。

（一）民办学校分类管理相关研究

1. 民办学校分类登记研究。已有文献主要关注民办学校分类
管理改革和分类登记实践的政策必要性和现实紧迫性。一是坚持
共同而有区别。民办学校分类管理的基础性制度，重在建立师生
普惠、"共同而有区别"的长效机制（周海涛等，2017）。一方
面要将营利性民办教育与非营利性民办教育作为一个整体共同发
展；另一方面要施行侧重性、差别化的管理措施和扶持政策。在
民办学校分类管理的新格局中，营利性和非营利性民办学校在各
自的轨道上平行发展、并行不悖（阙明坤等，2019）。二是加强
分类登记管理。民办教育发展困境的根源问题是法人属性的错
乱，因此在明确民办学校分类标准的基础上，还需明晰民办学校
的法人属性，改革民办学校的登记制度（张卫军，2017）；分类

登记对民办学校的政府监管主体、政策法律框架等产生较大的影响（李曼，2019）。一些地方省份在制定出台的政策文件中，对于民办学校的设立审批、分类登记程序、分类登记过渡期等方面作出细化规定（王帅等，2019）；进一步规范了举办者变更，防范非公平交易，健全社会参与的风险防范协同治理机制（李虔等，2020）。三是促进教育质量发展。分类管理改革的目标是破解民办教育发展面临的法人属性、产权归属、扶持政策、平等地位等方面的矛盾和问题，最终解决长期制约我国民办教育发展的制度困局和政策瓶颈（易鹏、伍锦昌，2018）。分类管理背景下，民办学校需要转型升级，寻找新的价值使命和发展空间（王烽，2020）。民办学校分类管理有助于解决非营利登记的民办学校从事营利性活动、合理回报的法律困境、民办学校的产权归属等问题（方建锋，2017）。分类管理为民办学校转型升级提供良好契机，各级政府要通过分类管理改革，实施差异化扶持，注重民办学校质量内涵建设，建设一批高水平、有特色的民办学校（周朝成，2016）。

2. 政府分类扶持政策研究。鉴于民办学校的"公益事业"和"政府责任产品"属性，应该赋予其享受政府扶持的正当性。一是加速分类管理扶持政策落实。基于分类管理的思路，在政策框架设计上应避免非营利性和营利性民办学校无差别享有国家相关的扶持和优惠政策，如此才能更好地保护社会公共利益（黎小明，2004）；既要通过立法或契约方式向民办学校提出符合公共利益的各种要求，又要注重激发民办学校的机制优势，坚持科学、适度补助的原则，对民办学校最薄弱和最需要扶持的方面给予重点扶持（潘奇，2015）。一方面要将营利性和非营利性民办学校作为一个整体，促进民办教育整体健康发展；另一方面政府扶持政策要有侧重性与引导性（张卫军，2017）。二是加快非营利性民办学校扶持落地。民办学校分类管理配套政策要达到预期目标，亟须针对各类非营利性民办学校制定有所区别的扶持政策（姬华蕾等，2015）；同时，要深化新政框架下的"非营利"理念，扫除非营利性民办学校免税资格认证上的政策障碍，促使现有民办学校更顺利地过渡到新法规定的非营利性民办学校（李虔，2019）。在税收优惠上，可以探索进一步扩大非营利性民办学校免税范围、分层设定免税条件，严格执行税收优惠政策，并针对营利性民办学校进行税收政策系统设计（胡卫等，2020）。三是营利性民办学校扶持政策。有研究者认为，保障营利性民办学校的生存与发展是民办教育健康发展的重要任务，应对营利性民办学校提供税收优惠（吴华等，2017），可以采取间接扶持的方式，如逐步完善对营利性民办学校购买服务的政策，探索购买营利性民办学校提供的学位、课程等教育服务产品的方式，从而弥补公办教育资源不足的缺陷（杨程，2019）。

3. 民办学校分类管理推进策略研究。从推进分类管理改革的现状和风险防范看，建议短期内不宜大范围强行推开，只能在局部地区先行试点；否则不仅可能会导致民办教育宏观管理的混乱，如设置审批、法人登记、过程监管等无法同步跟进，容易出现管理上的真空地带；还可能会导致民办教育的出资人及办学者产生"政策性恐慌"，担心政策不连续、不稳定，对民办教育未来的制度走向产生不良预期（胡卫、董圣足，2011）。从分类管理改革的推进策略看，推进非营利性民办学校的改革和发展，必须设计差别化扶持政策、保证公共资金安全；建立捐赠办学的支持体系、引导分类管理；建设国家级示范性非营利性民办学校、推进改革进程；调整财政扶持政策、促建高水平民办大学（姬华蕾、张维平，2015）。此外，分类管理的推进还涉及：完善教育法律框架；变革民办学校法人登记管理制度；明确政府对民办学校的指导服务责任；加大对非营利性民办学校的政策支持力度；建立科学合理的民办学校分流机制（李文章，2014）。新形势下稳妥推进分类管理的路径包括：一是完善制度环境，激发分类活力；二是实行分类分配，激活发展潜力；三是强化分类支持，放大政策普惠效应；四是推进简政放权，赋予学校最大话语权；五是保障师生权益，凝聚改革正能量；六是兜住监管底线，织就规范运行的防护网（周海涛，2015）。总之，推进分类管理需要在营造市场化环境、赋予学校最大话语权、降低政策普惠门槛、织就规范运行防护网等重点环节着力，并在类别精细化与管理规范化上做好文章。在分类管理改革政策推行过程中，只有做到中央宏观指导与地方自主有序推进、公办民办教育同步发展与营利性非营利性民办学校统筹考虑、分类管理改革与政府简政放权密切联动、民办学校及师生诉求满足与民办教育健康发展深度融合、民办学校自主办学与外部监管有机结合，才能把分类管理改革工作落细、落深、落实。

4. 民办学校退出机制研究。民办学校自愿或强制退出办学时，涉及财务清算等核心工作，以及学生和教职工权益、举办者权益等需要关注的关键利益相关者权益问题。一是保护师生合法权益。民办学校退出必须优先保障师生权益，对具有挂靠单位的民办学校，一旦终止可由所挂靠单位承担学生安置责任（郑毅，2016）。同时，需要建立风险保证基金制度或者保险制度和校际学分互认制度，更好地保护学生的教育权和财产权（鞠光宇，2017）。对于非营利性民办学校的退出，政府需要积极履行辅导救助义务的受教育权保护思路，除保障学生学费返还请求权以及必要的损害赔偿请求权外，更要注重对学生学业继续权的维护（张利国等，2019）。二是明确财务清算过程。一方面，需要明确财务清算主体，现有学校登记为非营利性民办学校的，可由政府组织清算，并承担相关的费用；登记为营利性民办学校的，可由学校组织清算，审批机关予以指导，费用由学校承担（李曼，2019）。另一方面，需要清晰清产核资标准，包括房产土地价值的计算、无形资产的估值等。在清产核资时，应当根据民办学校的资产结构，坚持历史性与现实性相结合的原则进行评价（陈放，2019）。

（二）民办学校分类管理风险评估及防范相关研究

1. 民办学校风险识别研究。风险识别即查找风险点，系统识别潜在风险，分析风险成因，辨别风险类型、发出风险预警等的系列工作，是风险防控的根本前提。民办学校分类管理的政策风险，指该项政策对民办教育健康发展有可能产生的不利影响（吴华等，2015）。分类管理的风险有两方面：部分民办学校出资人缺乏共识；制定和完善配套制度的准备还不充分（赵应生、钟秉林、洪煜，2011）。有研究认为，民办学校主要存在财务风险、办学风险、经营风险、定价风险、规模扩张风险、上市风险等，其中财务风险包含投资风险、筹资风险、现金流风险、债务风险等。以规模扩张风险为例，民办高校集团化办学存在法律法规和政策风险、运行和办学方向风险、教育公益性被削弱的风险、办学质量和举办者变更风险（钟秉林、周海涛、景安磊，2020）。还有研究者分析，民办高校分类管理是重大制度变革，可能存在改革声誉风险、政策效应风险和办学行为风险，需要树立风险思维，强化风险意识，深入推进分类管理改革，持续做好法律政策宣传解读，凝聚改革发展共识，营造"友好型"改革氛围；不断细化和完善政策内容，强化政策引导，构建综合链体化的分类管理政策体系；防范举办者变更，防范非公平交易，健全社会参与的风险防范协同治理机制（李虔、刘亮军，2020）。

2. 民办学校决策风险评估研究。决策风险评估是指由自身或第三方对决策主体在重大决策中潜藏的内外风险进行针对性、专业化的评估，明确风险评估主体、风险评估内容和风险评估方法等，是风险防控的关键环节。一是风险评估主体研究。关于决策风险评估主体的观点有：重大民生项目和举措的风险评估要坚持政府主导；专业机构评估拥有专业的技术、经验和评估人才，独立于政府组织，评估过程更加科学、客观，评估结果具有一定的公共性等优点；部门论证、专家咨询、公众参与等多元主体评估方式是科学的评估体系中不可或缺的组成部分（董韦，2012；付翠莲、赵庆远，2011）。二是风险评估内容研究，涉及对风险因素、风险事件和结果的评估判断。有研究者认为，评估风险因素及其频率，包括造成社会失序、引发社会动荡和社会危机的可能性因素以及发生危害社会稳定的频率（杨雄，2010）。还有研究者主张评估风险事件、风险的程度和可控范围（朱德米，2012）。三是风险评估方法研究。有研究者采用层次分析法与模糊评价方法相结合的方式，建构指标体系对民办高校的财务风险进行了量化评估（赵冠群，2017）；另有研究基于政策生命周期理论搭建分类管理政策社会稳定风险评估框架，评估政策实施前、实施中和实施后的合法性、合理性、可行性、可控性等（李思斯，2018）。

3. 民办学校风险防控协同机制研究。风险防控协同是防控主体及相关力量支持和资源在重大风险逼近时及时集结、有序互动、高效协作的系列做法，研判协同问题、制定协同策略、构建协同网络，是风险防控的重要基础。一是风险防控协同问题研究。邱需恩认为，当前的风险防控机制在协调配合方面还不完善，缺乏刚性制度保障和硬平台、硬抓手作支撑（邱需恩，

2019）。二是风险防控协同策略研究。当前民办教育风险治理碎片化、低效率现象严重，现有的风险治理方式不能适应新形势下民办教育风险治理的要求（费坚等，2018）。推进民办学校分类管理改革，需要政府相关部门应当形成对民办学校的调控合力，强化民办学校的风险防范意识，在审批和管理教育培训机构时，要进一步提高识别风险、化解风险的能力（方建锋，2018）；建立资产监督与管理制度，做好监管工作，强化民办学校的风险防范意识和风险化解能力（胡卫、方建锋，2018）。三是风险防控协同网络研究。新形势下化解民办教育重大风险，需完善制度环境，激发分类活力；实行分类分配，激活发展潜力；强化分类支持，放大政策普惠效应；推进简政放权，赋予学校最大话语权；保障师生权益，凝聚改革正能量；兜住监管底线，织就规范运行的防护网（周海涛，2015）。

4. 民办学校风险防控责任研究。风险防控责任是基于风险防控底线的主体责任和配合责任，是风险防控的核心杠杆。一是风险防控责任意识研究。民办学校提供教育公益事业，属于公益机构；鼓励政府、银行、保险公司协同建立风险分散、分担防控责任机制，以更好地保护师生利益，促进民办教育整体的稳定健康发展。二是风险防控能动施治研究。落实中央、省级和地方政府三级责任制；实施科学规划、安全法规政策、完善财政资助、加强运营监管、提供运营服务是政府应承担的相应责任（李钊，2009）。民办学校以落实学校法人财产权为前提，完善资产管理制度；以完善决策监督为重点，优化内部治理机制；以师生利益为核心，构建权益维护的渠道（邵允振，2018）。三是风险防控事后问责研究。应定期公布民办学校的管理机制、办学水平、专业设置和教学质量等相关信息，建立违规行为退出机制（董圣足，2019）。

二　国外研究及代表性观点

（一）私立学校分类管理导向研究

在国外，不同国家私立教育分类管理的发展步调不同，总体上正由模糊分类向清晰分类过渡。一是分类管理标准清晰。美国区分营利性和非营利性组织的标准简单明确：扣除成本后的净收入不予分配；不受该限制的则是营利性组织（Salamon，1996）。营利性私立学校和非营利性私立学校的划分严格遵循"禁止分配限制"原则（Hansmann，1981）。从教育投入角度看，营利性私立大学在教育方面的投入较少（David，2004）。是否"以营利为目的"是区分营利性和非营利性私立大学的首要标准，非营利性私立大学追求声誉，营利性私立大学则追求利润的获得（Richard，2006），基本都明确了非营利性私立学校不得以营利为目的、利润不得用于分红、资产不得以任何形式转变为私人财产。二是分类管理实质明确。美国以外的大部分国家通过相关政策文件，明确非营利性和营利性私立学校的差别化待遇。德国、俄罗斯、英国等国均在相关法律法规中明确私立学校的性质、资金、外部监管、法律责任等。法国、日本、韩国等国家通过《私立教育法》《私立学校法》等专门法对私立学校的非营利性或营利性问题作出规定。最重要的为"是否进行利益分配"（Salamon，1997）。三是逐渐实施分类管理。美国对非营利性学校和营利性学校进行了清晰的界定并对两种类型的学校采用了不同的管理政策。一些发展中国家如巴西、马来西亚等，法律开始允许举办营利性教育，但营非的区分标准不一（Archambault，1997）。分类管理对不同学校管理手段、管理效率、创新能力有很大影响，能够极大地促进营利性学校的发展，为非营利性学校提供良好的示范作用（Richard，2006）。在世界范围内，不同性质的私立学校在宗旨、管理模式、活动领域等方面都存在不同。

（二）私立学校注册登记机制研究

发达国家私立高校注册有严格的程序，美国实行准予注册和鉴定认可分开的制度，一些发展中国家特别是非洲地区多数国家没有建立注册制度，学校长期处于非法运营的状态。一是明确注册鉴定机制。美国准予注册兴办与鉴定认可分开的制度，与学校申办之初就按设置标准严格审批的制度相比，无疑要更有利于公民和社会团体兴办学校（李明华，1997）。在美国，注册为非营利性私立大学需要取得相应证明，一般非营利性学校的举办者必须是教会、基金会、学校法人等公益慈善组织，才能被政府认可为非营利性私立大学，而营利性私立大学在工商部门注册并在教育部门登记，同时受公司法的管辖和教育部门的监管（曾祥志等，2012）。日本重视私立大学的公益性，在《日本私立学校法》中对私立大学的设立和运行要求进行了明确规定。二是动态开展质量评估。俄罗斯《教育法》规定，私立学校成立由国家教育管理机关及下属各教育行政机构组成鉴定委员会，鉴定学校的教学活动条件、教师设备、教学过程保障、师资配备等（Dmitry Suspitsin，2008）。日本在私立教育质量评估办法上强调政府的间接功能、学校的自我评价及其与中介结构相结合的方式（卢德生，2006）。三是逐渐加强监管力度。1988年肯尼亚最先启动立法，而后贝宁、尼日利亚、乌干达等纷纷出台法律法规。但因法律法规细则不明确或执行力度不够，相当多私立高校仍未注册，只颁布本校专业证书（Daniel C. Levy，2011）。坦桑尼亚私立中学虽然在初设前几年常见未注册运营的情况，但目前均已正式注册且课程设置、班级规模、考试等均有规定（Samoff J.，1987）。巴西对私立学校实行严格的审批制度，采取分级审批、分级管理的原则，经相应层次的政府教育行政部门和教育理事会专家的严格审核后，方才获准设立（孙霄兵等，2002）。

（三）私立学校优惠扶持路径研究

国外私立学校优惠扶持从扶持政策看包含税收政策、拨款政策和监管政策等，从扶持方式看包含直接拨款、购买服务、学券发放等。一是税收优惠条目清晰。"税收优惠"和"依法纳税"是私立学校分类管理最主要的举措。一般非营利性私立高校具有免税资格，向该类型学校捐赠的个人和企业可获得税收减免优惠；营利性私立高校则不能享受税收优惠。大部分国家依据学校性质的不同给予不同的财政和税收待遇。在美国，有21个州对所有营利性学校的动产和不动产免除财产税，一些州对于营利性私立学校售卖的餐食、教科书、通勤校车等相关的行为和收入免除税负（王华等，2017）。除美国以外的大部分国家依据相关政策文件对营利性私立学校的缴税标准予以明确规定。二是拨款政策区分明显。在拨款政策方面，主要包括间接资助和购买教育服务两种方式，间接资助又以学生奖助为主，购买教育服务即采取服务合同的方式对私立学校进行资助。学生资助在对私立学校的扶持政策中处于支配地位（John，1995）。非营利性私立高校接受的政府拨款较高（Baum，2011），且财政扶持力度不断增加。英国政府以英国大学拨款委员会为中介，对非营利性私立大学进行拨款资助；美国政府不直接对非营利性私立大学进行财政资助，而是形成了完备的支持机制以"保持大学独立性"（姬华蕾等，2015）。三是扶持力度存在差异。韩国非营利性私立高校可减免企业税，教育用地免缴综合房地产税，校外实体非营利性合作项目免除企业税；所得用于教育事业的捐赠，与公办高校享受同等免税待遇，若所得捐赠股票数量不超过公司股票总量的1/20，免缴继承税（史少杰等，2016）。日本实施为非营利性私立学校提供财政补助、贷款业务和共济服务的支持政策。2009年埃塞俄比亚发布《高等教育宣言》，规定政府为非营利性私立高校提供经费补贴，但几乎没有付诸实施，私立高校仍依靠学费运作（Nega，2017）。

（四）私立学校风险管理研究

国外研究者普遍认同，风险管理对私立教育机构的成功起着至关重要的作用（Abdelhafid K. Belarbi，2013）。相关研究主要从以下几个方面开展：一是风险成因研究。有研究认为，机构的设立和运作、可利用的资源，以及私立高等教育部门的政策和规范，均为风险因素（Wondwosen Tamrat，2020）。法律政策对私立教育机构存在影响是国际共通特性。如乌克兰新《高等教育法》对该国私立高等教育机构的重构产生的重要影响（Tatyana Kupriy，2015）。二是风险类型研究。这些研究包括政策和监管、融资、教学、基础设施和资源、研究和推广等更广泛的领域。分类管理后形成的营利性私立教育机构存在教育公益与利润最大化的矛盾，当教育公益提供的商誉价值低于收益的二次增长时，存在停止教育公益的风险（George Mychaskiw，2008）。三是风险评估指标和防控管理研究。有研究指出，美国、澳大利亚判断私立学校的行业风险评分和风险等级，主要依据结构风险、增长风险和外部敏感性风险三个要素（IBIS World，2010）。此外，有研究发现私立大学合理的学费定价有助于风险管控，学费的降低可以增加大学投资，同时降低学生贷款的违约率（Felicia Lonescu，2016）。

三　对已有研究的述评

已有文献为本研究提供了有待深入分析的核心议题和亟须关

注的问题现象，同时也提供了民办高校分类管理改革政策导向、风险表现、影响因素、利益诉求、防范对策等方面的线索。现有研究亟待深化之处有：理论建构有待系统化，分类管理风险评估及防范对策研究偏少，多数研究仅从现象描述和政策法规文本分析的角度出发。研究的前瞻性和创新性有待加强，对民办学校分类管理政策颁布后的平稳推进方式可行性分析不够。结论的针对性和时效性有待提升，与实际需求有距离，试点和个案研究推广性有限，评估和第三方中介研究滞后。服务政策决策的对接性亟须强化，已有研究大都处于理论探讨层面提出建议缺乏针对性、操作性，导致真正服务决策、影响决策的研究甚少。研究工具的开发和运用需加大力度，大多数文献为思辨研究，较少采用实证研究方法。目前，民办高校分类管理改革的风险评估指标体系尚缺，许多结论缺乏一手资料和调研数据的支持。

第二章　民办高校分类管理政策实施风险评估及防范对策

对营利性和非营利性民办学校实行分类管理是构建我国民办教育高质量发展体系的核心议题，有效回应了民办教育领域多方主体的利益诉求，切实体现了对新时代民办教育的改革新思路、制度新安排、趋向新判断，有利于积极正向引导民办教育改革发展预期。改革争在朝夕，落实难在方寸，如何打通民办教育法律法规及其配套政策落地的"最后一公里"，是影响民办学校分类管理改革成效的重要因素。从全国各地政策落地情况看，民办学校尤其是民办高校的分类管理改革进展比较缓慢。截至 2019 年 12 月，全国 31 个省（自治区、直辖市）已颁布落实《民办教育促进法》《民办教育健康发展若干意见》的实施文件，但从调研情况看，多数省市的民办高校并没有如期进行营利性和非营利性法人登记，分类管理改革在政策实施、办学行为、内外治理、资产财务管理、运行模式、安全稳定等领域存在诸多风险问题，需要建立健全风险防范体系，切实把分类管理的各项措施落实到位，努力化解"政策搁浅"和"制度失灵"的风险。

第一节 民办高校分类管理导向及特征

民办高校是我国民办教育事业和高等教育事业的重要组成部分，因此，民办高校分类管理改革成效直接关乎整体民办学校的分类管理改革成效。总体来看，民办学校分类管理改革坚持问题导向和目标引领，旨在破解困扰民办教育高质量发展的核心问题，凸显加强党的全面领导、注重优质特色办学、彰显平等原则、优化差异化制度体系、尊重民办教育特点的政策导向，体现了分类管理改革依法依规推进、完善配套制度、落实依法治校、保障合法权益的时代特征。

一 民办高校分类管理政策导向

《民办教育促进法》《实施条例》及其配套政策以促进民办学校分类登记、分类管理、分类支持、分类发展为主线，在办学方向、发展目标、法律地位、支持保障、制度创新等方面体现出明显的政策导向。

（一）在办学方向上突出党对民办学校的领导

《民办教育促进法》及其《实施条例》新增了加强民办学校党的建设有关要求，提供了加强党对民办教育领导的法律法规保障，明确了民办学校党组织的法律地位、核心功能、基本原则、方向思路等，强调坚持社会主义办学方向、坚持和加强党对民办教育的全面领导，坚持教育的公益属性，落实立德树人的根本任务，确保党的教育方针在民办学校得到全面贯彻落实。《民办教育健康发展若干意见》《实施条例》进一步明确了党组织在民办学校内部治理体系中的重要地位和政治核心功能，要求民办学校的章程应当规定学校党组织负责人或者代表进入学校决策机构和监督机构的程序，决策机构组成应当包含党组织负责人，监督机构应当包含党的基层组织代表，有利于党的建设同步谋划、党的组织同步设置、党的工作同步开展，保证党组织在重大事项决策、监督、执行等各环节有效发挥政治核心作用。

（二）在发展目标上注重优质特色办学

《民办教育促进法》再次明确了民办教育事业属于公益性事业，是我国社会主义教育事业的组成部分，国家对民办教育实行积极鼓励、大力支持、正确引导、依法管理的方针，为推动新时代民办教育的高质量发展奠定了法律基础。《民办教育健康发展若干意见》《实施条例》具体确立了民办学校的办学定位和发展方向，要求各地依法支持和规范社会力量举办民办教育，引导民办学校积极服务社会需求，在保障民办学校依法办学、自主管理的同时，还要着力引导民办学校为全社会提供差异化、多元化、特色化的教育供给，始终把人民群众对教育的新需求、新期盼放在首位，致力于解决好群众最关心、最直接、最现实的教育问题。同时，民办学校也要更新办学理念，深化教育教学改革，创新办学模式，加强内涵建设，不断提高办学质量，尤其是民办高校要进一步明确应用型人才培养定位，面向区域经济和产业发展提供全方位对接服务，推动产教深层次融合、校企多领域合作，提高技术技能型人才培养水平。

（三）在法律地位上彰显平等原则

一方面，在举办者权益上积极回应合理诉求，《实施条例》系统规定了民办学校举办者的相关权利义务，以及审批设立等各环节的具体要求；依法保障举办者的分类选择权，允许举办者可以依法募集资金举办营利性民办学校并细化了相关政策要求；允许现有民办学校举办者可以根据其依法享有的合法权益与继任举办者协议约定变更收益，但协议不得损害学校权益和师生权益。另一方面，在师生权益上落实同等法律地位，《实施条例》专设"教育与受教育者"一章，要求民办学校履行主要责任的同时，规定地方政府可以采取政府补贴、以奖代补等方式鼓励、支持非营利性民办学校更好地保障教师待遇；保障民办学校教师平等法律地位，进一步规范了民办学校教师的聘任制度和聘任合同；保障学生合法权益，规定民办学校的受教育者在升学、就业、社会优待、参加先进评选，以及获得助学贷款、奖助学金等国家资助政策等方面，享有与同级同类公办学校的受教育者同等的权利。同时，要求实施学历教育的民办学校建立学生资助、奖励制度。

（四）在支持政策上优化差异化制度体系

《民办教育健康发展若干意见》《实施条例》进一步强化了

政府鼓励支持民办教育健康发展的责任，构建了基于营利性和非营利性两类法人属性的民办学校差异化制度体系，尤其是明确了对非营利性民办学校的专项资金、生均经费、购买服务、税收优惠、队伍建设、用地保障等方面的政策措施。如政府可以参照同级同类公办学校生均经费等相关标准和支持政策，对非营利性民办学校给予适当补贴；采取政府补贴、以奖代补等方式鼓励、支持非营利性民办学校保障教师待遇；民办学校享受国家规定的税收优惠政策，其中，非营利性民办学校享受与公办学校同等的税收优惠政策；新建、扩建非营利性民办学校，应当按照与公办学校同等原则，以划拨等方式给予用地优惠等；地方人民政府出租、转让闲置的国有资产应当优先扶持非营利性民办学校等。

（五）在制度创新上尊重民办教育的特点

《实施条例》及分类管理配套政策将实践中行之有效的管理制度进一步体系化，以规范管理促进民办教育健康发展。在民办学校内部制度方面，鼓励民办学校创新教师聘任方式，同时要求建立教师培训制度、利益关联方交易的信息披露制度、教师代表大会制度、学籍和教学管理制度、学生资助奖励制度、办学成本核算制度等。在行政部门管理制度方面，要求建立教师在公办、民办学校之间的合理流动制度，民办学校信用档案和举办者、校长执业信用制度，民办中小学、幼儿园责任督学制度、专任教师劳动、聘用合同备案制度、民办教育工作联席会议制度、民办学校年度检查和年度报告制度等。在多元主体治理制度方面，努力促进共建共治共享，调动政府管理部门、民办学校举办者、广大师生群体、学界业界专家学者参与分类管理改革的积极性。

二　民办高校分类管理政策特征

回顾民办教育发展历程，剖析改革实践进展，我国民办学校分类管理改革实践日益丰富，政策体系渐趋成熟，在依法依规推进、完善配套制度、落实依法治校、保障合法权益等方面呈现出鲜明的时代特征。

（一）依法依规推进分类管理改革

依法依规推进分类管理是深化民办教育改革发展的前提与保障。民办教育改革发展的 40 多年，从遵循《宪法》《教育法》到《义务教育法》《高等教育法》《民办教育法》，从落实国务院《社会力量办学条例》《民办教育促进法实施条例》到各部门规章文件，民办教育始终坚持依法推进改革，构建了法律框架下的制度体系。民办学校分类管理改革主要有两种方式：一是先试点后立法。选取有条件的地区积极推进分类管理改革，及时总结试点经验和问题，在达成一定共识、总结一些经验后，再通过立法的形式予以明确保障。这种由点而面、先易后难的改革推进方式，既控制了风险，又通过有效的推广机制使成功经验迅速普及。二是先立法后铺开。分类管理在经过多年探索后已经找到了完善办法和推进路径，迫切需要以立法方式引领改革。如依照法定权限和程序及时修订了《教育法》《高等教育法》《民办教育促进法》及其《实施条例》，直指当前民办教育存在的瓶颈问题，体现了政府对民办教育的形势新判断、发展新定位、制度新安排，要求用法律法规修订的方式，引导推动民办学校分类管理的改革落地。

（二）完善配套制度体系

完善配套制度体系是民办学校分类管理改革不可或缺的环节。2016 年以来，我国民办教育改革进入攻坚期和深水区，分类管理政策正在触及深层次利益关系和主要矛盾，改革始终坚持以中国特色为基调，清晰认识当地民办教育的特征和发展阶段，既要与时俱进地拓宽民办教育发展的道路，又要不断丰富民办教育理论内涵，提出符合国情教情的理论设计和解决方案，以分类登记、分类支持、分类监管为重点突破领域，注重加强民办教育制度建设、标准制定、政策实施等领域的统筹协调，推动整体配套政策完善。因此，在《民办教育促进法》的基础上，国务院颁布《民办教育健康发展若干意见》，教育部等相关部委出台分类登记和营利性民办学校监管实施细则等政策文件，在民办学校党建工作、法人登记、财政扶持、税费优惠、分类收费、队伍建设、法人治理、资产财务管理、管理服务等领域建立了完备的配套制度体系。

（三）积极落实依法治校

依法治校是民办学校分类管理改革的重要实践。民办教育不同于公办教育，应该享有更多的办学自主权，这是由教育体制决定的，也是民办教育的最大优势。但是自主并不等于自由，需要在依法办学的前提下实现自主管理。从政府外部管理看，我国民办教育改革始终按照法治原则和法律规范，努力建立依法办学、自主管理、民主监督、社会参与的现代学校制度，积极构建政府、民办学校、社会之间的新型关系。从学校内部治理看，民办学校建立了以法人治理结构、资产管理和财务会计制度、规范办学行为等为主要内容的依法治校制度体系，董事会（理事会）和监事（会）制度基本形成，学校章程作为"内部宪章"的地位得到重视，学校法人财产权进一步明确，办学信息公开制度正在建立，学校成为依法治校的真正主体。当然，民办学校依法治校也面临不少挑战，如学校及其举办者的法治观念和依法管理的意识还比较薄弱，依法治校的制度和措施还不健全；依法治校还没有完全成为民办学校的自觉行为，与民办教育新法新政的要求还有一定的差距。因此，依法治校也是未来民办学校分类管理的重要内容。

（四）重视合法权益保障

重视相关群体合法权益保障是民办学校分类管理改革的重要目标。民办教育法规政策对举办者群体和教师队伍的合法权益尤为重视。一方面，伴随民办教育规模不断发展壮大，教师群体逐渐受到政府、民办学校及社会各界的重视，相关法律法规给予保障，民办学校教师的重要地位和专业化工作得到广泛认同。《实施条例》为提高民办学校教师的身份地位，把保障教师权益，督查和引导民办学校重视师资队伍建设作为重要内容，专设一章予以明确规定，消除公办、民办学校教师职业差别的改革目标得到法律认可。与教师权益相比，民办学校学生在获得同等资助、评奖评优、升学就业、社会优待、医疗保险权利等方面有更多"获得感"。另一方面，分类管理改革对举办者合法权益也尤为重视，《修改决定》提出，现存民办学校登记为非营利的，可以在终止办学时，综合考虑出资、取得合理回报的情况下以及办学效益等因素，给予出资者相应的补偿或者奖励。同时，《实施条例》允许现存民办学校以变更举办者的方式，将可获得的办学补偿和奖励作为变更收益，除义务教育阶段之外，允许举办者与民办学校进行合法关联交易，进一步强调举办者通过章程规定的权限与程序参与或者委派代表参加学校决策机构，有效保障了举办者对学校的实际管理权。

三　我国民办高校发展现状分析

民办高校是本书的核心概念，从《民办教育促进法》及其《实施条例》相关条文的适用范围看，民办学校是指国家机构以外的社会组织或者个人，利用非国家财政性经费，面向社会举办的各级各类民办学校和其他教育机构。因此，本研究中的民办高校主要指国家机构以外的社会组织或个人，主要利用非国家财政性经费、面向社会举办，并得到教育行政部门批准的具有颁发学历文凭资格的高中后学历教育机构，目前包括民办普通本科高校

（含独立学院①）和高职高专高校，暂不含民办成人高校。教育部数据显示，2010年以来，民办高校已经发展成为我国民办教育事业和高等教育事业的重要组成部分。截至2020年，全国共有各级各类民办学校18.67万所，在校生5564.45万人。其中，民办普通高校771所（含独立学院241所），在校生791.34万人，专任教师36.89万人。②

（一）全国民办高校数及所占比例稳定增长

2010年至2020年，全国民办高校数及所占比例稳定增长。民办高校从2010年的676所增加至2020年的771所，平均每年增加约10所，呈现稳步增长趋势。同时，民办高校占全国普通高校总数的比例也基本稳定，2010年的占比为28.67%，2020年为28.16%（见图2－1）。其中，从办学层次看，2010年至2020年民办本科高校从371所增加至434所，平均每年增加约6所；民办专科高校从303所增加至337所，平均每年增加约3所，增长速度和数量略慢于民办本科高校；独立学院因教育部相关政策要求，从323所减少至241所，平均每年减少约8所，2020年教育部公示转设的独立学院就有68所，转设数量超过近10年的总和。

---

① 独立学院是我国民办高等教育的重要组成部分，是由实施本科以上学历教育的普通高等学校与国家机构以外的社会组织或者个人合作，利用非国家财政性教育经费举办的实施本科学历教育的高等学校。

② 教育部网站：《2020年全国教育事业发展统计公报》，2021年8月27日，http://www.moe.gov.cn/jyb_sjzl/sjzl_fztjgb/202108/t20210827_555004.html，2022年1月20日。

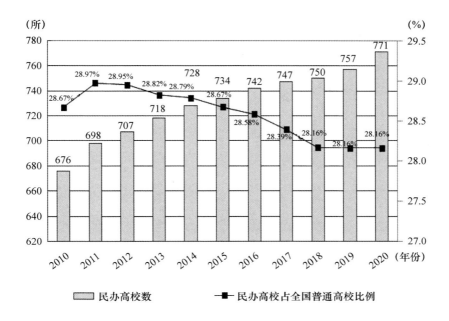

图 2 - 1　2010—2020 年全国民办高校数及所占比例

来源：根据 2010—2020 年《中国教育统计年鉴》整理而成。

（二）民办高校在校生数及所占比例逐渐增长

2010 年至 2020 年，民办高校在校生数及所占比例稳步增长。在校生数从 2010 年的 476.68 万人增加至 2020 年的 791.34 万人，平均每年增加约 31.47 万人，呈现逐渐增长趋势，尤其是 2019 年以来受益于高职扩招政策，民办高校招生人数明显增长。从在校生占比情况看，民办高校在校生占全国普通高校在校生的比例 2010 年为 21.36%，2020 年为 24.09%，所占比例稳步增长（见图 2 - 2）。其中，2010 年至 2020 年，民办本科高校在校生从 280.99 万人增加至 468.19 万人，平均每年增加 18.72 万人，占全国普通本科在校生的比例从 22.20% 增加至 25.64%；民办专科高校在校生从 195.70 万人增加至 323.15 万人，平均每年增加 12.74 万人，占全国普通专科在校生比例从 20.25% 增加至 22.14%。

图 2-2　2010—2020 年全国民办高校在校生数及所占比例

来源：根据 2010—2020 年《中国教育统计年鉴》整理而成。

（三）民办高校专任教师数及所占比例稳定增长

2010年至2020年，民办高校专任教师数及所占比例稳定增长。专任教师数从 2010 年的 23.65 万人增加至 2020 年的 36.89万人，平均每年增加约1.32万人，呈现稳步增长趋势；专任教师数占全国普通高校专任教师总数的比例2010年为17.61%，2020年为20.13%，所占比例也在稳定增长（见图2-3）。其中，2020年民办本科高校专任教师为26.77万人，占全国普通本科高校专任教师的比例为20.98%；民办专科高校专任教师为10.10万人，占全国专科高校专任教师的比例为18.15%。此外，2010年至2020年，独立学院专任教师数量从12.67万人减少至11.72万人，教师数量最多的年份是2012年（13.97万人）。

图2-3 2010—2020年全国民办高校专任教师数及所占比例

来源：根据2010—2020年《中国教育统计年鉴》整理而成。

第二节 民办高校分类管理进展及风险堵点

从整个民办教育事业看，尽管民办高校数量仅有771所，占民办学校总数的比例不大，但其在校生规模占民办学校在校生总数的 14.22%，且新修订的《民办教育促进法》规定义务教育阶段的民办学校不能登记为营利性学校。因此，民办高校分类管理改革至关重要，将直接影响民办学校分类管理改革的整体进度。从目前改革实践看，与其他学段一样，营利性和非营利性民办高校分类登记和管理改革的进展比较缓慢，有些省市已经过了分类选择的过渡期，仍然没有实质性进展，主要原因是管理部门对政策体系有困惑、利益相关群体诉求不一、举办者对权益保护有疑虑、部门之间对政策执行有分歧、改革风险评估不足等，民办高校分类管理改革存在"政策搁浅打折"和"制度失灵失效"的风险。

一 民办高校分类管理改革进展

从政策落地情况看，各地已经按要求制定印发政策文件，但民办高校分类管理政策过渡期较长、学校未如期分类登记、改革进展缓慢。从法律法规内容看，新修订的《民办教育促进法》自 2017 年 9 月 1 日、《实施条例》自 2021 年 9 月 1 日起施行，因此法律法规明确的民办学校分类管理改革已经生效，没有过渡期相关规定。但是，在分类管理改革实践层面，《民办教育健康发展若干意见》已将制定分类管理具体办法的权力赋予各省级政府。为了更好贯彻落实中央决策部署，同时做好改革过渡期间的政策配套衔接，保障各地民办教育的稳定发展。

（一）各地政策制定总体情况

目前，全国 31 个省（自治区、直辖市）已根据《修法决定》和《民办教育健康发展若干意见》要求，研究制定了分类管理政策文件，并以政府文件形式印发。其中，从文件印发部门层级看，吉林由省委省政府联合发文，山西由省政府办公厅发布，新疆由自治区教育厅等五部门联合发文，其他各省（自治区、直辖市）均由省级政府发文。从政策过渡期看，在已颁布地方政策的 31 个省级政府中，除辽宁、甘肃、天津、青海、广东、贵州、北京、新疆等 8 个省（自治区、直辖市）之外，其余 23 个省（自治区、直辖市）均对现有民办学校分类登记设置了过渡期，但是新申请设立的民办学校不存在过渡期。从各地政策配套情况看，海南、上海、天津、河北、陕西、浙江、四川、江苏、宁夏、重庆等省市出台了民办学校分类登记实施办法；陕西、四川、江苏、重庆等地出台了营利性民办学校监管办法。

（二）有些地方的分类登记过渡期已过

尽管有些地方规定的分类登记过渡期已过，但民办高校分类登记工作没有实质性进展。比如，湖北对现有民办学校分类登记给予 1—3 年的过渡期，要求原则上须在 2020 年 9 月 1 日前完成分类登记，云南规定现有民办学校在 2021 年 11 月 7 日前全部实现分类登记，目前除新设立的湖北健康职业学院登记为"非营利性民办普通高等职业学校"之外，两省其余现有民办高校的分类登记工作尚无具体进展。此外，西藏也要求现有民办学校到 2020

年 9 月 1 日前全部实现分类登记，但实际情况是西藏没有民办高校。

（三）有些地方设置的分类登记过渡期较长

比如，江苏规定原则上在 2020 年 12 月 31 日前完成分类登记，如有需要可延期至 2022 年 12 月 31 日，但实际上全省现有 40 多所民办高校均没有完成分类登记。从政策文件梳理情况看，安徽、河南、浙江、宁夏、广西、福建 6 个省份的民办学校分类登记过渡期至 2022 年 12 月 31 日结束。河北、陕西、山东、重庆、江西、吉林、四川、湖南、黑龙江 9 个省（自治区、直辖市）的过渡期至 2022 年 9 月 1 日，其中，四川要求民办高校选择登记为营利性的，应在 2023 年 9 月 1 日前完成登记手续。海南也明确了现有民办学校须在 2022 年 8 月 31 日前进行分类登记，如过渡期内不进行分类登记的，不得再登记为营利性民办学校；确有特殊情况的，可延期进行分类登记，但延期最长不超过两年。此外，有些地区没有设置分类登记过渡期，如广东按"一校一策"原则制订过渡工作方案，平稳有序推进民办学校分类管理。

（四）有的地方专门就现有民办高校分类登记提出要求

比如，安徽、河南专门要求民办高校分类登记须在 2022 年年底前完成，但《安徽省民办学校分类登记实施办法》调整为于 2022 年底前提出分类登记申请，从"完成分类登记"到"提出分类登记申请"，我们从中也可以看到民办高校分类管理改革的压力。上海规定民办高校分类登记在 2021 年 12 月 31 日前完成，晚于其他学段民办学校 1 年的时间。截至 2021 年 11 月，31 个省（自治区、直辖市）中，仅上海的民办高校分类管理取得了实质性进展，上海 19 所民办高校中有 6 所选择为营利性民办高校。

二　民办高校分类管理改革风险堵点

（一）对相关法律法规和政策要求有误解和困惑

《民办教育促进法》《实施条例》《民办教育健康发展若干意见》等民办教育新法新政赋予了省级政府很大的政策探索空间，把民办学校的分类登记、收费办法、财税扶持、用地优惠等自主权都留给了地方政府，但同时也缺少比较明确的、相对统一的指导意见。部分省市教育部门反映，对民办学校分类管理改革仍有困惑，"情况看不透，思路理不清，办法找不准"，持观望、等待态度。一些民办高校及其举办者在政策文件中找不到期待的答案，对于政策仍不理解，有焦灼也有悲观，认为未来一段时期，公办教育发展更加成体系，在民办教育吸引力不强、政策预期不明的情况下，选择登记为"营利性民办学校"将面临更艰难的生存压力；还有部分举办者对分类管理改革有多种理解，个别举办者仍心存侥幸，认为登记成"非营利民办学校"以后，可以继续沿用原来的老办法，通过多种方式和途径变相获得办学收益。在这些因素影响下，如何作出明智选择既考验各地改革创新能力，也考验举办者的选择能力。

（二）民办高校利益相关群体众多且诉求不一

当前，民办高等教育已经成为我国高等教育事业的重要组成部分，民办高校分类管理改革涉及大量学校举办者、管理人员、专任教师和学生群体，再加上学校的举办者类型多样、利益诉求不一、规模体量巨大、资产权属复杂等，在实际工作推进过程中仍面临很大挑战。比如，选择登记为营利性民办高校的举办者主要想保留更多的办学特色和办学自主权，希望通过高质量的教育服务获得市场认可，通过合法合规的手段获取办学收益；选择登记为非营利性民办高校的举办者主要想获取更多财政扶持政策，同时也希望最大程度保留对学校的管理权和控制权。对民办高校教师和学生群体而言，无论学校法人属性是营利性还是非营利性，他们都希望政府和学校能够有效保障师生合法权益，不断提高民办高校教师执业吸引力，持续提供高质量的高等教育服务。此外，数量众多的独立学院转设工作正在稳步推进，对独立学院转设后的分类管理工作，目前采取的方式主要是"先转设再分类"，因此独立学院转设过程中相关利益群体的诉求选择同样影响着民办高校的分类管理改革工作。

（三）部分民办高校举办者对权益保护有疑虑

改革开放以来，从民办教育产生的社会条件看，我国民办教育有明显的"自持"特色，举办者及其代理人是民办学校的实际控制者，对民办学校重大决策和管理运行有较大的话语权，在相当程度上也影响着分类管理改革的稳步推进。调研发现，多数民办高校的举办者、管理者存在"选择焦虑"，对分类管理不知道如何选择，有举办者甚至认为选择"营利性是早死"，选择"非营利性是等死"，主要理由是如果选择登记为营利性民办高校，在依法进行财务清算、明确各方财产权属、缴纳相关税费后，民办高校面临的市场竞争和风险太大，对应的税费负担会更重；如果选择登记为非营利性民办高校，一些举办者又担心会丧失学校财产所有权、收益权和实际管理权，同时学校也可能失去办学特色和办学自主权。还有举办者认为，尽管《民办教育促进法修法决定》要求，现有民办学校登记为非营利性的，在办学终止时，可以给予出资者相应的补偿或者奖励，但目前不少地方对如何确定补偿或奖励的标准和比例、什么时段兑现等问题，仍无定见，他们还在徘徊观望政策的落地效果。

（四）不同部门对分类管理政策执行有分歧

一方面，尽管中央和地方层面关于民办学校分类管理的政策框架基本明确，但相应配套的政策体系仍需完善，比如，如何强化落实对非营利性民办高校的扶持政策、如何加强非营利性民办高校的同步监管、如何建立第三方评价制度等。另一方面，民办教育领域的许多政策，涉及教育、宣传、人社、财政、发改等多个政府部门的职责，但各部门因着眼点、站位不同，采用的政策依据不一，对分类管理涉及的许多问题各有不同的理解。这次修订《民办教育促进法》和出台配套文件，在方向和原则上达成了共识，但在具体操作和一些细节问题上还未能达成一致。比如，对营利性和非营利性民办学校分别适用哪些差异化扶持政策，财税优惠、队伍建设、用地政策如何具体执行等，不同部门也存有分歧，使得政策落地效果打折扣、不明显。

（五）对民办高校分类管理改革的风险评估不足

与公办教育相比较，我国民办教育领域的情况更加复杂，这也对民办学校分类管理决策的科学性和前瞻性提出了更高要求，正是基于这些复杂因素的考虑，相关部门经过数年科学论证，修订出台了十余份法律法规和配套政策，建立了民办学校分类管理改革的基本框架，确保分类管理改革的有法可依、有策可循。但是，从改革进展看，民办学校尤其是民办高校分类管理改革复杂情况和各方阻力超出预期，整体进展缓慢，对分类管理改革可能存在的政策实施、办学行为、治理体系、资产财务管理、运行模式、安全稳定等领域的风险问题评估不足、应对不够，需要建立健全风险防范机制，提高风险化解能力，打通民办高校分类管理政策落地的"最后一公里"。

第三节　民办高校分类管理政策实施风险防范对策

为贯彻落实好民办教育新法新政精神，有效推进民办高校分类管理改革，需要针对工作实践中出现的新情况新问题，坚持目标导向和问题导向，加强政策宣传引导，凝聚分类管理改革共识；把配套政策措施细化实化，持续发力打好"组合拳"；积极回应举办者合理诉求，打消营利性和非营利性选择的后顾之忧；

强化部门协同改革，做好分类管理政策风险评估；同步加强营利性和非营利性民办高校监管，破除改革梗阻和发展瓶颈；健全风险防范协同治理机制，提高政策风险化解能力。

一　加强分类管理政策宣传引导

分类管理是推动我国新时代民办教育高质量发展的创新举措，也是"十四五"时期民办教育改革发展的重要任务。民办高校分类管理改革涉及重大利益调整，牵涉政府管理部门、民办高校举办者及其广大师生群体，在改革进程中势必会遇到诸多障碍和较大阻力，因此各地各部门需要进一步解放思想，切实加强宣传引导，凝聚改革共识和合力，抓紧出台符合地方实际的实施意见和配套措施，推动各项政策措施平稳有序落地。一是国家层面探索成立民办学校分类管理指导委员会，遴选政府相关部门的管理人员、民办教育办学者、专家学者等，组成各级指导委员会，分类型分层级分领域研究民办学校分类管理改革的重大现实问题，及时了解政策落地情况，为有序推进分类管理改革建言献策。二是加强政策宣传引导，突出以人民为中心的发展思想，有效引导社会预期。管理部门要熟悉政策、创新政策供给，将充满专业术语的"法律语言"和"政策语言"转换为通俗易懂、简单直接的"群众语言"，向民办高校举办者和师生群体宣传好分类管理要求和相关配套政策；主动研读党和国家支持和规范民办教育高质量发展的各项政策，在读懂、吃透的基础上结合当地民办教育发展实际开展宣传引导工作，用好用活新闻发布会、政策例行吹风会、工作培训会、专题研讨会、政策解读会等工作方式方法，用大白话与举办者们交流沟通，把对举办者等核心利益群体有益、实用的政策讲明白，把政策出台背后的考虑和立场讲清楚，将有关政策宣传到每一个地区、每一所学校、每一个举办者。三是持续鼓励地方和学校先行先试，总结推广试点地区和学校的成功做法和先进经验。对民办高校分类管理改革作出突出贡献的集体和个人，要按照国家有关规定奖励和表彰，树立民办教育良好社会形象，努力营造全社会共同关心、共同支持民办高校分类管理改革的良好氛围。

二　细化分类管理配套政策内容

新修订的《民办教育促进法》及其《实施条例》明确了民办学校分类管理的基本框架，但法律法规的落地还需要发改、财政、税务、土地、人社等部门的配套政策。为推动分类管理改革有效落地，各地按照相应权限研究制定了分类管理配套政策文件，为地方层面的分类管理改革提供了实施依据。但是，从核心内容看，各地政策文本照搬中央政策多，创新性举措少；概括性、原则性要求多，可行性、可操作性路径少；逐级"放权、松绑"多，改革的主体责任不明确；设置改革"过渡期"多，明确过渡支持政策少。这些问题在一定程度上影响了分类管理改革的政策效力，需要进一步明确细化配套政策。一是细化民办高校设立审批、分类登记等方面的程序和要求，为民办高校分类管理改革提供清晰的时间点和路线图。参照教育部等五部门印发的《民办学校分类登记实施细则》的要求，明确民办高校财产清算要求与流程，制定营利性和非营利性民办高校差异化的财产清偿办法、处置办法，尤其是针对登记为营利性民办高校的清产核资，需聘请专业机构进行财产属性界定和清算，有条件的省市应出台专门文件进行规制，最大限度预防国有资产流失。二是细化分类扶持的财政政策。通过财政手段引导更多社会力量进入非营利性民办高校，明确非营利性民办高校政府补贴、政府购买服务、基金奖励的具体办法；完善政府对民办高校尤其是非营利性民办高校的常态化生均拨款制度，明确补贴项目、对象、标准、用途和绩效评价制度，引导民办高校迈向高质量发展。三是明确民办高校享受国家规定的税收优惠政策，尤其是全面落实非营利性民办高校享受与公办高校同等的税收优惠政策。明确现有民办高校登记为营利性民办高校的税费缴纳政策、补缴类型和计算标准等，如部分民办高校涉及土地由划拨改为出让的房屋契税、土地增值税、给予举办者补偿奖励的个人所得税、企业所得税等。

三　积极回应举办者的合理诉求

有序推进民办高校分类管理，在引导举办者作出合理选择的同时，要精准对接并合理满足其利益诉求。一是充分重视举办者对财产权益和管理权益的诉求，明确保护举办者合法权益的政策信号，避免举办者产生"被剥夺感"。二是落实新法对于选择成为非营利性民办高校的举办者在办学终止时给予补偿和奖励的规定。原则上，该类学校在终止办学时兑现补偿和奖励；将原有出资（原值）作为补偿的依据，适当考虑资产增值问题；将办学效益或办学结余作为奖励的依据，根据年检结果等综合评判。省级政府应尽快明确补偿或奖励的具体标准和比例范围。三是保护非营利性民办高校举办者的管理权和决策权，尊重民办高校的发展历史、当前状况和办学特色，通过制定或修订学校章程，明确举办者参与学校治理的方式和手段，健全非营利性民办高校董事长的年龄、任期、退出及接班者选择办法，探索董事长连任、允许符合条件的家族成员通过正常程序参与管理。[1]

四 强化分类管理政策协同推进

民办学校分类管理改革是对原有制度的重构、现存堵点的破局和未来治理的调整，势必打破目前的利益格局，特别是围绕分类管理的一些关键性问题，需要地方教育主管部门和相关部门进一步的制度创新和紧密协同协作，尽可能寻找部门间的"最大公约数"。只有全面加快协同步伐，优化部门间"手牵手"机制，打破本位主义，以积极姿态推动协同合作，明确共享责任义务、规范共享程序、设立协调机制，建立部门协同的长效机制，才能真正增强民办教育改革的

---

[1] 周海涛、景安磊等：《助力支持和规范民办教育发展》，《教育研究》2017 年第 12 期。

"获得感"。一是在国家层面落实民办教育协调机制，就涉及改革发展的重大问题进行深度沟通，比如深化民办高校分类管理改革的问题，切实加大协调力度，确保税收、土地、金融等方面的支持政策落地。同时，各地也要建立相应的部门协调机制，并发挥实际作用。二是贯彻落实国务院办公厅印发的《对省级人民政府履行教育职责的评价办法》，探索将鼓励支持社会力量兴办教育作为考核各级政府改进公共服务方式的重要内容，倡导主要负责同志亲力亲为抓改革落实，带领大家一起为民办教育改革定好盘子、理清路子、开对方子。三是强化指导督促，研究建立一套民办高校分类管理政策评估机制，密切跟踪、动态监测、定期诊断相关政策的落实和改革效果，对没有及时推动分类管理政策落地的地区和相关责任人进行督导问责。①

五　完善政策风险评估防范机制

健全防范化解重大风险体制机制是"十四五"时期经济社会发展的主要目标之一。当前，民办学校分类管理改革已经进入深水区和攻坚期，面临的政策风险也更为复杂多样，预判评估、防范化解不同领域风险的难度增大。因此，对于推进民办高校分类管理改革任务而言，需要做好重大决策风险评估，保证分类管理政策顺利实施、消除潜在风险。一是强化风险意识。将防范化解民办高校分类管理政策风险作为各级党委、政府和领导干部的政

---

① 周海涛、景安磊等：《助力支持和规范民办教育发展》，《教育研究》2017 年第 12 期。

治职责，既要科学预判分类管理改革态势进展和潜在风险堵点，做到未雨绸缪；也要提高风险化解能力，透过风险问题把握民办教育本质属性，抓住主要矛盾和矛盾的主要方面、剖析隐藏在背后的原因，找准解决问题的政策手段，善于统筹整合各方力量，凝聚分类管理改革共识。二是健全防范化解风险机制。完善风险研判机制，对各地各校分类管理的风险因素进行全面摸排、研判，制定针对性策略；完善决策风险评估机制，把防范化解政策风险的关口前移，将风险评估作为推进民办高校分类管理改革的必经程序；完善风险防控协同机制，建立分类管理风险信息互通共享机制，主动加强协调配合；完善风险防控责任机制，坚持一级抓一级、层层抓落实，坚决克服层层推责、防止政策失灵。

第三章　民办高校办学行为风险评估及防范对策

　　诚信办学是民办高校的立身之本，是覆盖办学资质条件、招生宣传与实习就业、学费标准与退费规范、教育教学质量、师生合法权益保障等领域的综合体系。加强民办高校诚信办学体系建设是有效防范办学风险的重要手段，也是提升民办教育治理能力的具体举措，同时有利于优化民办教育资源配置、维护民办教育行业秩序、提升民办高校整体吸引力。当前，我国民办高校诚信办学体系建设处于起步阶段，与教育事业发展水平和民办教育发展阶段不匹配、不协调、不适应的矛盾突出，主要表现在办学条件不达标、招生就业宣传违规、教育教学质量难以保障、教师合法权益受损等方面。有序推进分类管理改革的过程中，防范化解民办高校办学行为风险，需要增强相关主体的诚信办学意识和信念，建立健全诚信办学的制度规则和监管体系，发挥行业协会纽带作用，强化民办高校诚信办学自律建设。

第一节　民办高校诚信办学政策导向

民办高校诚信办学体系是新时代中国特色社会主义教育体制和民办教育治理机制的重要组成部分，它以教育及相关领域法规政策、标准和契约为依据，以健全覆盖民办高校及相关主体的诚信记录和诚信办学信息系统为基础，以办学信息合规应用和诚信服务体系为支撑，以树立诚信办学理念、弘扬诚信办学行为为内在要求，以守信激励和失信约束为奖惩机制，目的是提高民办高校及相关主体的诚信办学意识和信用水平，促进民办高校健康可持续发展。从发展历程看，社会信用体系建设和教育领域信用体系建设为民办高校办学行为提供了实践经验和政策依据。

一　社会信用体系建设相关政策

党中央、国务院历来高度重视社会信用体系建设工作。2002年，党的十六大报告提出"健全现代市场经济的社会信用体系"，2003年，党的十六届三中全会强调"要增强全社会的信用意识，形成以道德为支撑、产权为基础、法律为保障的社会信用制度"，两次大会明确了我国社会信用体系建设的方向和目标。2006年，我国经济和社会发展"十一五"规划提出要以完善信贷、纳税、合同履约、产品质量的信用记录为重点，加快建设社会信用体系，健全失信惩戒制度。2007年召开的全国金融工作会议进一步提出，以信贷征信体系建设为重点，全面推进社会信用体系建设，加快建立与我国经济社会发展水平相适应的社会信用体系基本框架和运行机制。

2007 年，国务院办公厅印发《关于社会信用体系建设的若干意见》进一步明确了以法制为基础，信用制度为核心，以健全信贷、纳税、合同履约、产品质量的信用记录为重点的信用体系，要求建立全国范围信贷征信机构与社会征信机构并存、服务各具特色的征信机构体系，最终形成体系完整、分工明确、运行高效、监管有力的社会信用体系基本框架和运行机制。[①] 2008 年，党的十七届三中全会提出，把诚信建设摆在突出位置，大力推进政务诚信、商务诚信、社会诚信和司法公信建设，抓紧建立健全覆盖全社会的征信系统，诚信体系建设的重点领域基本明确。

2012 年以来，社会信用体系建设取得积极进展。国务院建立了社会信用体系建设部际联席会议制度统筹推进信用体系建设，公布实施《征信业管理条例》，一批信用体系建设的规章和标准相继出台。例如，党的十八大明确提出要加强政务诚信、商务诚信、社会诚信和司法公信建设，党的十八届三中全会强调建立健全社会征信体系，褒扬诚信，惩戒失信，"十二五"规划纲要提

---

① 中国政府网：《国务院办公厅关于社会信用体系建设的若干意见》，2008 年 3 月 28 日，http：//www.gov.cn/xxgk/pub/govpublic/mrlm/200803/t20080328_32550.html，2022 年 1 月 20 日。

出加快社会信用体系建设的总体要求。

2014 年，国务院印发《社会信用体系建设规划纲要（2014—2020 年）》（简称《规划纲要》），这是我国第一部国家级社会信用体系建设专项规划，也是我国社会信用体系建设的重要顶层设计和行动指南。《规划纲要》中明确提出了社会信用体系建设的目标是：到 2020 年，社会信用基础性法律法规体系基本建立，以信用信息资源共享为基础的覆盖全社会的征信系统基本建成，信用监管体系基本健全，信用服务市场比较完善，政务诚信、商务诚信、社会诚信和司法公信建设取得明显进展，社会信用环境明显改善和社会经济秩序显著好转。①

2016 年，为着力推进诚信建设规范化长效化，中央文明委印发《关于推进诚信建设制度化的意见》，阐释了推进诚信建设制度化的重要意义、指导思想和主要原则，要求建立起全覆盖的社会信用信息记录；大力营造诚信建设有力宣传舆论声势；切实增强诚信教育实践针对性实效性；建立健全激励诚信、惩戒失信长效机制；有力营造诚信建设法治环境；切实加强诚信建设制度化组织领导。② 同时，国务院也同步印发《关于建立完善守信联合激励和失信联合惩戒制度加快推进社会诚信建设的指导意见》，要求健全褒扬和激励诚信行为机制，健全约束和惩戒失信行为机

---

① 中国政府网：《社会信用体系建设规划纲要（2014—2020 年）》，2014 年 6 月 27 日，http：//www. gov. cn/zhengce/content/2014 – 06/27/content_ 8913. htm，2022 年 1 月 20 日。

② 中国政府网：《关于推进诚信建设制度化的意见》，2014 年 8 月 1 日，http：//www. gov. cn/xinwen/2014 – 08/01/content_ 2728487. htm，2022 年 1 月 20 日。

制，构建守信联合激励和失信联合惩戒协同机制，加强法规制度和诚信文化建设。①

2019 年，为进一步发挥信用在创新监管机制、提高监管能力和水平方面的基础性作用，国务院办公厅印发《关于加快推进社会信用体系建设构建以信用为基础的新型监管机制的指导意见》，要求以加强信用监管为着力点，创新监管理念、监管制度和监管方式，建立健全贯穿市场主体全生命周期，衔接事前、事中、事后全监管环节的新型监管机制，不断提升监管能力和水平，进一步规范市场秩序，优化营商环境，推动高质量发展。② 至此，我国社会信用体系建设的政策框架基本完成，相关行业领域的实践探索和制度体系也逐渐完成。

二　教育领域信用体系建设要求

教育是国之大计、党之大计，事关国家发展和民族未来，对提高人民综合素质、促进人的全面发展、增强中华民族创新创造活力、实现中华民族伟大复兴具有决定性意义。因此，教育领域的诚信体系建设对整个社会的诚信体系建设意义重大。《社会信用体系建设规划纲要（2014—2020 年）》在"社会诚信"部分就

---

① 中国政府网：《关于建立完善守信联合激励和失信联合惩戒制度加快推进社会诚信建设的指导意见》，2016 年 6 月 12 日，http：//www. gov. cn/xinwen/2016 - 06/12/content_ 5081251. htm，2022 年 1 月 20 日。

② 中国政府网：《关于加快推进社会信用体系建设构建以信用为基础的新型监管机制的指导意见》，2019 年 7 月 16 日，http：//www. gov. cn/zhengce/content/2019 - 07/16/content_ 5410120. htm，2022 年 1 月 20 日。

单独列出了"教育、科研领域信用建设"问题，主要是针对教师队伍和学生群体，要求"加强教师和科研人员诚信教育。探索建立教育机构及其从业人员、教师和学生、科研机构和科技社团及科研人员的信用评价制度，将信用评价与考试招生、学籍管理、学历学位授予、科研项目立项、专业技术职务评聘、岗位聘用、评选表彰等挂钩，努力解决学历造假、论文抄袭、学术不端、考试招生作弊等问题"。

近年来，为落实党中央、国务院关于社会信用体系建设的总体要求，相关部门在教师和学生中加大诚信建设力度，严厉打击教学、学术领域里的失信行为，尤其是中办、国办于 2018 年印发了《关于进一步加强科研诚信建设的若干意见》，明确主要目标是：建立健全的科研诚信制度规则、有效的科研诚信工作运行机制、完善的科研诚信信息系统、显著增强的诚信意识，弘扬科学精神、恪守诚信规范成为科技界的共同理念和自觉行动，全社会的诚信基础和创新生态持续巩固发展。同时，要求完善科研诚信管理工作机制和责任体系，加强科研活动全流程诚信管理，进一步推进科研诚信制度化建设，切实加强科研诚信的教育和宣传，严肃查处严重违背科研诚信要求的行为，加快推进科研诚信信息化建设。[①] 2018 年教育部又针对教育系统不诚信的行为"重拳出击"，把教育机构信用制度建设、教师师

---

① 中国政府网：《关于进一步加强科研诚信建设的若干意见》，2018 年 5 月 30 日，http：//www.gov.cn/zhengce/2018－05/30/content_ 5294886. htm，2022 年 1 月 20 日。

德师风和学生诚信教育作为教育领域信用建设的重点，来规范办学行为。

　　在民办教育领域，因民办学校由国家机构以外的社会组织或者个人利用非国家财政性经费举办，一段时期内，民办学校营利性办学目的明显、办学行为不够规范，导致学生、家长和社会公众对民办教育产生了信任危机，民办教育的健康可持续发展也受到了严重影响。2016 年以来，我国民办教育改革进入营利性和非营利性分类管理的新时代，完成了新《民办教育促进法》及其《实施条例》的修订，出台了一系列的配套政策。在诚信办学方面，《民办教育促进法》进一步强调"建立民办学校信息公示和信用档案制度，促进提高办学质量"，这为民办高校诚信办学体系建设提供了法律依据。《民办教育健康发展的若干意见》明确要求民办学校要诚实守信、规范办学，并对办学条件标准、在校生规模、宣传招生工作、学籍学历管理、内部法人治理、资产财务管理、安全管理责任等作出了具体要求。《实施条例》进一步明确了强化"支持"政策、加强"规范"管理的主线，尤其是对招生宣传、举办者变更、收费退费管理、关联交易、通过资本运作控制非营利性民办学校进行获利、政府和公办学校参与举办民办学校等办学行为进行了重点规范。比如，规定民办学校收取费用的项目和标准需要根据办学成本、市场需求等因素确定，向社会公示，并接受有关主管部门的监督；民办学校收取的费用应当主要用于教育教学活动、改善办学条件和保障教职工待遇；对违法违规办学行为，有关部门可以责令停止办学、退还所收费用，并处以罚款。

2019 年，《中国教育现代化 2035》也明确提出积极推进民办教育领域社会信用体系建设的要求。此外，《民办教育工作部际联席会议 2018 年工作要点》明确提出，积极推进民办教育领域社会信用体系建设，研究制定相应的红黑名单认定与监管实施意见，明确红黑名单认定标准，加快完善守信联合激励和失信联合惩戒机制。[①]《民办教育工作部际联席会议 2019 年工作要点》进一步要求积极推进民办教育领域社会信用体系建设，加快完善教育领域信用联合激励和联合惩戒机制，探索建立民办教育信用档案制度；加大民办教育信息公开力度，强化社会监督效力。[②] 目前，民办教育诚信体系建设已经进入国家教育政策研制体系，相关工作需要尽快开展。

第二节　民办高校办学行为风险问题

改革开放四十多年以来，民办教育蓬勃发展，重要贡献和地位作用不容否定，应该一如既往地给予政策鼓励与支持，但伴随

---

① 教育部网站：《民办教育工作部际联席会议 2018 年工作要点》，2018 年 6 月 20 日，http：//www. moe. gov. cn/srcsite/A03/s3014/201806/t20180621_340571. html，2022 年 1 月 20 日。

② 教育部网站：《民办教育工作部际联席会议 2019 年工作要点》，2019 年 4 月 8 日，http：//www. moe. gov. cn/srcsite/A03/s3014/201904/t20190408_377035. html，2022 年 1 月 20 日。

出现的风险问题也不能忽视，需要及时规范破解。因此，鼓励支持和引导规范成为新时期民办教育政策体系设计的两条主线。在推进民办学校分类管理的关键时期，我国民办高校诚信办学行为与教育事业发展水平和民办教育发展阶段不匹配、不协调、不适应的矛盾突出，主要表现在办学条件不达标、招生就业宣传违规、教育教学质量难以保障、教师合法权益受损等几个方面，主要原因有失信办学成本较低、诚信办学意识薄弱、特色定位不清晰、教师队伍建设滞后等。

一　办学条件不达标的风险

办学条件达标是民办高校稳步推进民办管理改革的前提，也是有序教育教学活动、保障学校分类登记后高质量可持续发展的基础。长期以来，我国民办高校办学条件不达标的问题比较突出，尤其是一些独立学院暴露出"校中校"、独立学院"不独立"的不规范办学行为。2008 年以来，教育部一直积极推动独立学院转设工作，但其复杂性和艰巨性超出预期，整体进度缓慢。民办学校分类管理政策确立后，为独立学院转设提供了契机，但推进部分独立学院分类登记的前提是要将其转设成为真正意义上的独立民办高校。2020 年 5 月，教育部印发《关于加快推进独立学院转设工作的实施方案》，明确要求独立学院转设需要达到《普通高等学校设置暂行规定》的设置标准，主要体现在办学规模、学科专业、师资队伍、教学科研水平、基础设施、办学经费和治理结构等方面。但从调研和实地考察评议情况看，现有独立学院的在校生规模均能达标，师资学历结构基本满足要求，但相当数量的独立学院在生均指标和专任教师队伍职称结构等方面达不到基本要求。以 2020 年参加转设评议的数十所独立学院为例，不少学校的生均占地面积、生均校舍建筑面积、生均教学科研行政用房、生师比、生均图书和教师高级职称占比等指标未完全达标。

过去一段时期内，由于民办教育领域的法律法规体系还不完善，《民办教育促进法》及其《实施条例》中的部分法条要求与现实情况有差距，但又没有找到科学合理的解决途径，民办高校各类显性和隐性的违法违规行为普遍存在，民办教育领域的法律实施和依法行政问题遭遇很大挑战，部分地区出现了"法不责众"的现象。一些民办高校尤其是独立学院开始在利益的驱动下，在办学条件未达到条件的情况下违法违规进行招生和教育教学工作，但同时这些行为也没有完全按照法律法规要求给予严惩，一些民办高校反而因此尝到了很多"甜头"，在失信成本代价较低的情况下，获得了更多的生源和资源。这种现象让坚持诚信办学的民办高校失去了公平发展的法治环境，甚至还有一些学校对这些违法违规行为视而不见、争相模仿。总体来看，解决这些问题需要不断完善法律法规体系并督导落实，加大对失信办学行为的惩处力度，让失信办学行为寸步难行。

二　招生就业宣传违规风险

伴随我国学龄人口短期内相对不足和高等教育普及化阶段的到来，民办高等教育领域的生源危机和高质量办学面临的新挑战，一些民办高校为提前招揽更多生源，出现了违规发布招生广告、开展虚假招生宣传、进行恶性竞争、委托组织有偿招生、招收"预科班"等问题。如发布虚假的招生简章、广告和学校信息等行为在民办非学历高等教育机构中普遍存在；一些民办高校未经地方考试招生机构办理录取手续便以"计划外""预科班"的名义招收学历教育学生；还有民办高校的招生管理不规范，恶意举报、打压存在竞争关系的学校，对招生人员缺少培训和监管，有的开展有偿招生活动，组织在校学生参与招生工作，将招生任务与教师福利待遇挂钩，甚至委托商业机构开展违规招生工作，虚假承诺升学和就业。

诚信办学意识薄弱是造成该问题的重要原因。诚信办学是在招生就业和教育教学等活动中诚实守信并忠于教育责任和义务，对社会和受教育者严格履行的承诺。但一些民办高校的诚信办学意识淡薄，举办动机存在偏差、过度追求经济回报、缺乏社会责任感，将招生和就业当成商业行为，在社会上造成了极坏的影响，损害了民办高校的整体声誉，如南京某学校虚假招生事件就引发广泛社会关注。据报道，涉案学校在 2016 年招收家政服务（护工方向）专业上采取不实宣传、随意承诺（包括承诺护理专业大专文凭、护士资格证、包分配等）的方式违规招生，导致该批学生读完三年大专之后不能顺利升学或就业，学校无法向学生兑现相关承诺，并由此引发学生与家长因学籍问题的聚集。总体来看，增强民办教育相关主体的诚信办学意识和观念刻不容缓。

三　办学质量难以保障风险

教育教学是民办高校的中心工作，也是民办高校高质量发展的痛点堵点。深入开展教学研究，不断深化教学改革，努力提高教学质量，是全面落实立德树人的根本任务，培养担当民族复兴大任的时代新人的根本保证。一般来看，民办高校办学前期投入最多，教学管理环节最为复杂，办学质量最难以保障。调研发现，在人才培养目标和理念上，部分民办高校忽视现有办学条件与师资力量，照搬公办高校人才培养目标，学科专业布局与区域经济发展契合度不高、合作育人机制同应用型人才培养目标有差距。在培养途径和培养方法上，没有根本脱离公办高校办学的束缚，仍在沿袭公办高校的办学方向和育人理念、课程体系和教学内容、教育方法和培养模式等。比如，部分民办高校课程体系较多沿用学术性课程体系，未能构建以能力为导向的人才培养体系；理论学时和实践学时分配比例失调，实践教学资源不能满足应用型人才培养需求；教学方法中存在的大量重复训练，考核过程中过于偏重结果考核等。从分类管理改革实践看，个别民办高校出现办学经费相对紧张、教学实验设施相对落后、教育教学投入相对不足、师资队伍建设相对滞后的情况，同时也有个体高校实现上市融资后为追求股价和利润，从而压缩办学成本导致办学质量受到影响。

客观来看，造成这些问题的原因是多方面的，既有举办者、管理队伍、教师队伍的因素，也有学校整体办学特色不鲜明、办学定位不清晰的问题。其一，办学特色不鲜明，民办高校整体吸引力不强。近年来，一些民办高校盲目追求升格更名、提高办学层次，但学科专业设置同质化、学校教育体系封闭化，学生也没有获得高质量就读体验，毕业生的技术技能也不能很好地适应市场需求和岗位职责，民办高校的办学质量长期以来没有得到社会普遍认可。其二，办学定位不清晰，结构和布局需要优化。长期以来，部分地区在民办高校布局上与区域经济社会发展没有同步谋划，一些发展质量高、产业和人口集中的地区缺少相应的技术技能人才供给。调研发现，一些民办高校的专业设置与行业企业需求没有及时对接，"就业难"与"技工荒"的问题同时存在，一些民办高校毕业生找不到与专业匹配度高的工作，但一些新产业新行业新工种却找不到能力与之匹配的技术工人。其三，教师队伍建设成为短板。在规模数量上，民办高校专任教师的数量增长速度落后于学生数量增长速度，存在总体数量不足和结构性缺编问题；在专业素质能力方面，有些民办高校过多强调师资队伍的学历资历，面对新技术、新工艺、新规范，新引进的教师缺乏产业经验和实践背景，教育教学能力需要全面提高；在队伍结构上，同时具备理论教学和实践教学能力的"双师型"教师的比例

63

较小，同时，教师年龄结构、学历结构、职称结构以及兼职教师与专任教师结构比例不合理。

四　教师合法权益受损风险

保障民办高校教职工合法权益，是民办高校诚信办学行为的重要内容。当前，我国民办高校教师合法权益受损风险的主要表现在：一是总体看民办高校教师身份地位不高，社会各界对其多有歧视。与公办高校及其教师相比，社会各界往往戴着"有色眼镜"看民办高校及其教师，把民办高校视为举办者的私人企业，民办高校教师总感觉"低人一等"；还有些民办高校、举办者和管理者将教师看作是"老板的员工，可多可少、可有可无、呼来喝去"，没有真正重视教师的专业地位和重要作用。① 二是民办高校的教师薪酬普遍较低、社会保障体系不完善。有的高校薪酬制度设计不合理，随意性、人为性较大，同工不同酬的现象比较严重；教师工作量大、任务重但工资水平却较低；有的高校教职工劳动聘用合同不规范，随时解聘教职工，不按规定缴纳社保，拖欠工资，教职工的安全感较差、风险因素较多。三是教师专业发展受限、职称评聘渠道不畅。不少民办高校教师在职称职务评聘、表彰奖励、申请科研项目、交流培训等方面，存在渠道不畅或者明显受歧视的情况。有的学校反映，管理者及教师获得同等

---

① 景安磊：《民办高校教师权益实现研究》，社会科学文献出版社 2019 年版，第 97 页。

培训的机会较少，教师专业知识和教学理念得不到及时更新，学校管理及教学水平跟不上社会发展的需求，在很大程度上限制了民办高校的发展。四是女性教职工合法权益受损风险。如 2016 年，甘肃某民办高校以长期旷工为由违法开除患癌女教师引发广泛社会舆论关注。2019 年河北某民办高校在校内文件中违法要求女职工怀孕必须要达到学校规定的服务年限后，按照个人申请、分别按生育一胎或二胎比例排队、单位党总支书记或处室负责人签字，报学校计划生育办公室审核备案，报备是否成功要以接到学校计划生育办公室的回执为准。近年来，类似这些针对民办高校教师的违法违规行为屡见不鲜。

尽管我国民办高校的教师队伍建设已经取得了一定成效，但教师合法权益保障领域的矛盾仍集中凸显，教师权益问题未能得到及时有效解决，有的甚至进一步激化引发风险事件。究其原因，主要包括民办高校举办者、管理者等利益相关者不敢担当，遇到矛盾和问题绕道走，存在观望、推诿现象；化解矛盾的办法不当，用单纯的薪酬老办法解决综合保障面临的新问题；民办高校教师权益的保障体制不健全，政策长期得不到落实等。[1] 但最根本原因是民办高校分类管理改革推进缓慢，从而导致学校法人属性不清、保障体系不健全，教师身份与配套保障既不能按照事业单位执行，也不能按照企业人员管理方式对待；政府对民办高

---

[1]　景安磊：《民办高校教师权益实现研究》，第 140 页。

校教师队伍建设和权益保障扶持力度不足；举办者（出资人）和学校管理者对教师的重要作用和地位认识不到位。未来，民办高校分类管理政策落地后，既可以保障营利性和非营利性民办高校教师的合法权益，也可根据不同学校类别、属性制定不同的保障体系和具体措施，从而有效化解教师队伍建设领域的风险问题。

第三节　民办高校办学行为风险防范对策

有效防范民办高校办学行为风险，需要建立健全民办高校诚信办学体系，增强相关主体的诚信办学宣传教育，加强诚信文化建设，增强诚信办学意识和信念；完善诚信办学的制度规则和标准体系，制定相关政策法规和信息统计目录，明确办学信息记录主体的责任；构建诚信办学监管网络，加强教育督导和诚信基础工作，研制诚信办学信息系统和数据库，建立激励和失信惩戒机制；发挥行业协会纽带作用，培育全国性民办高校诚信办学中介组织，建立诚信办学等级的第三方评估制度；完善诚信办学自律机制，把诚信办学纳入学校章程，建立诚信办学承诺制度。

一　增强相关主体诚信办学意识和观念

建立民办高校诚信办学体系的基础在很大程度上取决于相关主体之间的信任和诚信理念，用信用道德规范来维系诚信成为民办教育领域的一种基本公德。一是全员、全过程、全方位加强民办教育领域的诚信教育。以培育和践行社会主义核心价值观、增强社会责任意识和诚信意识为根本，将诚信教育贯穿办学全过程，厚植诚信办学土壤。面向所有民办高校全面开展诚信宣传普及教育，在教育教学和实习实训活动中进一步充实诚信教育内容。二是加强民办高校诚信文化建设。以民办高校举办者、管理者、广大师生为主要对象，大力倡导诚信办学的法律法规和道德规范，弘扬诚实守信的传统文化和现代经济社会的契约精神，形成遵纪守法、崇尚诚信、践行诚信的办学风尚。三是树立诚信办学典型。发挥电视、广播、报纸、网络等媒体的宣传引导作用，树立诚信办学典范，使民办高校学有榜样、赶有目标，使诚信办学成为自觉追求。探索常态化开展民办高校诚信办学主题活动月、活动周、活动日等公益活动，突出诚信办学主题，凝聚诚信办学的理念和共识。四是开展民办高校诚信办学专项治理。针对办学失信问题突出、诚信建设需求迫切的区域和相关学校开展专项治理，根本纠正民办高校领域失信办学的歪风邪气，树立诚信办学风尚。

二 完善民办高校诚信办学的制度规则

建立民办高校诚信办学体系需要法规制度先行，规范引导优先，明确在民办教育领域失信办学的法律法规边界、标准体系、惩处措施等。一是尽快完善诚信办学的制度规范。研究制定民办高校诚信办学相关法规或部门规章，做到诚信办学信息采集、查询、应用、互联互通、信息安全和主体权益保护等有法可依。明确民办高校诚信办学信息记录主体的责任，保证相关信息的客观、真实、准确和及时更新，完善信息共享公开制度，推动民办高校办学信息资源的有序开发利用。二是建立信息分类管理制度，制定诚信办学信息统计目录。明确营利性和非营利性民办高校诚信办学信息分类管理，按照信息的属性，厘清保护个人隐私和学校秘密的界限，依法推进办学信息在采集、共享、使用、公开等环节的分类管理。三是建立民办高校信用档案和举办者、校长执业信用制度。对民办高校进行执法监督的情况和处罚、处理结果应当予以记录，由执法、监督人员签字后归档，并依法依规公开执法监督结果。四是建立民办高校诚信办学标准体系。制定全国统一的民办高校诚信办学信息采集标准，覆盖依法办学资质、教育教学质量、资产财务管理、宣传与收退费、组织架构与工作开展、招生与就业、队伍建设与师德师风、校园安全运营、社会责任履行与声誉等方面，统一民办高校办学信用指标目录和建设规范。

三 构建民办高校诚信办学监督管理网

监督管理网络是保障民办高校诚信办学体系各系统协调运行的基础。一是强化教育督导，加强常规基础工作。加强民办教育管理机构建设，完善民办高校年度报告和年度检查制度，加强对新设立民办高校举办者的资格审查，提高民办教育诚信管理能力。完善民办高校财务会计制度、内部控制制度、审计监督制度，加强重点领域风险防范。建立民办高校利益关联方交易的信息披露制度，加强对非营利性民办高校与利益关联方签订协议的监管。加强对民办学校的教育督导，完善民办学校年度报告和年度检查制度，依法组织或者委托社会中介组织评估办学水平和教育质量并向社会公布。二是建立民办高校诚信办学系统和数据库。以民办教育管理信息系统为基础，完善民办高校诚信办学记录和从业人员信用档案，建立民办高校诚信办学信息数据库。以数据标准化和应用标准化为原则，依托教育信息化工程建设，整合办学信息资源，实现民办高校办学记录的电子化存储，加快建设民办高校诚信办学系统，加快推进各部门之间对民办高校办学信息互联互通、组织发布等。三是建立民办高校诚信办学激励和失信惩戒机制。加强对民办高校诚信办学主体的奖励和激励，加大对诚信办学的学校给予优先政策支持、对模范举办者、管理者和师生给予表彰奖励。加大对民办高校失信主体的约束和惩戒，将违规办学的民办高校及其举办者和负责人纳入"黑名单"，建立违规失信惩戒机制，将违规办学的学校及其举办者和负责人纳入"黑名单"，对严重违法违规的采取强制退出措施。健全联合执法机制，通过民办高校诚信办学信息交换共享，实现多部门、跨地区奖惩联动。四是完善社会舆论监督渠道。加强对民办高校办学失信行为的披露和曝光，发挥群众评议讨论、批评报道、提供线索的作用，形成社会震慑力。建立对民办高校违法违规行为的有奖举报制度，落实对举报人的奖励，保护举报人的合法权益。

四　发挥行业协会推动诚信办学的纽带作用

积极培育民办教育行业组织，支持行业组织在民办高校诚信办学和自律管理等方面发挥桥梁和纽带作用。一是将加强诚信办学建设纳入民办教育行业协会能力建设。培育全国性民办教育诚信中介组织，加强民办教育行业自律，充分发挥学会协会在推进民办高校诚信办学体系建设中的作用。二是研究制定民办高校及相关从业人员诚信办学准则。建立民办高校诚信办学等级的第三方评估制度，推进相关办学信息记录和诚信评级在参与或举办民办高校、优先获得政策支持、声誉奖励等方面的广泛运用。加强民办高校相关主体的培训和法律法规宣传，通过行业协会制定行业自律规则并监督会员遵守，对失信高校会员和个人会员实行警告、行业内通报批评、公开谴责等惩戒措施。三是强化民办教育行业协会管理服务意识。探索建立民办教育高校诚信办学自律联盟，通过制定民办高校诚信办学行为准则、推进办学信息公开、开展诚信服务、健全自律规约、督促诚信办学行为、开展办学质量评价等工作，引领和规范民办高校诚信办学行为。同时，规范民办教育行业协会收费行为，严禁巧立名目乱收费，切实防止只收费不服务、只收费不管理的现象。

五　强化民办高校的诚信办学自律建设

民办高校是建立诚信办学体系的重要主体，承担着第一责任。一是激发民办高校诚信办学的自觉意识。通过宣传和教育使民办高校意识到诚信办学对整个民办教育事业发展的重要意义，从而规范自身行为，向着诚实、守信、自律的方向持续健康发展。二是把诚信办学要求纳入民办高校章程。建立以章程为核心的内部治理、民主决策、财务管理、教育教学、队伍建设和信息公开等制度体系，强化民办高校诚信办学的自律建设。针对营利性和非营利性民办高校的特点制定章程示范文本，引导其依照法规政策和章程建立诚信办学运行机制。三是建立完善自律机制。建立民办高校办学活动影响评估机制，加强与主管部门定期沟通协商，学校要对人事、财务、印章、档案、资产、外事、党建、教育教学、民主决策等重要事项事先向政府有关管理部门报告，提高民办高校的社会公信力和诚信度。四是建立民办高校诚信办学承诺制度。鼓励有条件的民办高校设立诚信办学管理机构和专业人员，支持学校建立诚信办学标准体系，积极履行培养社会主义建设和接班人的责任。探索开展诚信办学承诺活动，引导民办高校增强社会责任感，强化全领域、全环节的办学信息公开，改善民办高校改革发展环境。

第四章　民办高校治理风险评估及防范对策

完善的教育治理体系是防范教育领域发生风险的重要保障。民办高校治理主要包括内部治理和外部治理，直接体现了政府治理能力和学校自身治理能力。近年来，民办高校内外治理体系的规范化、精细化和科学化水平不断提高，有效诠释了《民办教育促进法》《实施条例》及其配套政策的导向。面对政府、学校、社会新型关系的演变，促进民办高校的良法善治，需要有效防范风险堵点，同步完善内外治理体系。

第一节　民办高校治理政策导向

改革开放 40 多年来，我国民办高校逐渐发展壮大，内外部治理体系不断健全，内部治理政策体现了加强党对民办高校的全面领导和完善民办高校治理结构的导向，外部治理政策体现了坚持依法治理民办高校、提高政府管理服务水平和依法保障办学自主权的政策导向。

一 加强党对民办高校的领导

加强党对民办教育的全面领导，是确保民办学校按照党的要求办学立校、教书育人的根本保障。民办教育是我国社会主义教育事业的重要组成部分，同样需要坚持党的全面领导和社会主义办学方向、同样承担培养堪当民族复兴重任的时代新人的历史使命。民办高校的办学方式、组织结构、运行模式可以不同，但在坚持正确政治方向、正确育人导向上没有例外。但是，分析相关法律法规和政策文件可以看到，在 2016 年以前，党领导民办教育的规定要求和针对性表述较少，只是宽泛要求民办学校应当遵守相关法律、法规，坚持社会主义的办学方向，贯彻国家的教育方针，接受地方人民政府及其教育行政部门的领导和管理。2016年以来，伴随新时代民办教育新法新政的颁布，党对民办教育的全面领导也进入了新时期。

2016 年，中共中央办公厅印发《关于加强民办学校党的建设工作的意见（试行）》，为全面加强党对民办教育的领导作出重要部署，强调了民办学校党建工作的重要性紧迫性，健全民办学校党组织参与决策和监督机制，尤其是要凸显民办学校党组织的政治核心作用。《民办教育促进法》及其《实施条例》为加强党对民办学校的领导提供了法律法规依据。《民办教育促进法》

新增第九条规定，要求民办学校加强党的建设，进一步强化了民办学校党组织的法律地位。《实施条例》对接相关内容提出了更具针对性、可行性、操作性的规定，进一步强化了民办学校党组织负责人进入学校决策机构和监督机构的程序，把党的领导、党的建设贯穿民办教育改革发展始终，营利性和非营利性民办学校都需要坚守教育公益属性，贯彻执行党的教育方针，有效落实立德树人的根本任务。

面对全面加强党对教育工作领导的新要求，相关法律法规及政策文件同步加强民办教育的基层党建工作。总的来看，涵盖以下几个方面：一是坚持党的领导与依法治校有机统一。推动党建工作要求写入学校章程，理顺学校党组织、理事会（董事会）和校长间的关系和分头工作体系，学校党组织负责人要进入学校决策机构、监督机构，依法参与学校重大决策并实施监督。二是党组织政治功能得到强化，党组织书记队伍建设成为抓好民办学校党建工作的重中之重，积极推进党组织班子与学校决策层、管理层"双向进入、交叉任职"，加强党建工作考核和督促检查，党组织政治引领和战斗堡垒作用进一步发挥。三是做好发展党员和党员教育管理工作。以增强党性、提高素质为重点，加强和改进民办学校党员队伍建设，激发党员保持先进性内在动力，增强党员队伍生机活力。

二　完善民办高校治理结构

完善学校治理结构是现代学校制度建设的重要内容。《民办教育促进法》及其《实施条例》鼓励营利性和非营利性民办学校创新现代学校制度，建立健全民办学校理事会（董事会）、监事（会）制度，规范其成员结构，依法保障校长行使管理权，完善教职工代表大会制度，形成决策、执行、监督相互独立、相互制约的法人治理结构。一是优化民办学校董事会（理事会）成员结构。《民办教育促进法》《实施条例》《民办教育健康发展若干意见》等对民办学校理（董）事会等决策机构的设立进行了规定，鼓励开展独立理（董）事、监事制度的探索，要求实行相应的监督机制，并进一步明确了理事会或董事会的成员构成、人数要求、任职资格和职权履行等内容。二是依法加强民办学校章程建设。学校章程是学校各项活动开展的纲领性文件，为完善法人治理结构提供了基本准则。《民办教育促进法》将民办学校章程设置的权限和程序作为其举办者参与办学与自主管理的依据。《实施条例》列出了民办学校章程应明确规定的法人属性、权利义务、办学宗旨、章程修改程序等主要事项，创新民办学校章程实施保障机制，有利于发挥章程在学校治理中的关键作用。三是完善校长选聘机制。《民办教育健康发展若干意见》提出，实行校长任期制，保障校长依法行使管理权，并提出民办学校校长所应具备的素质和条件。四是完善教职工代表大会和学生代表大会制度。《民办教育促进法》《实施条例》为保障教职工的合法权益，共同参与学校管理与监督工作，要求民办学校建立教职工代表大会、工会等组织。

三　坚持依法治理民办高校

民办高校分类管理改革需要在法律化、体系化、制度化的框架下推进。一是坚持在法律法规的框架下推进民办教育改革发展。以《民办教育促进法》为上位法，吸收已有政策文件精神和要求，加快修订《实施条例》的进程，为民办学校分类管理改革提供操作性法规。加快构建配套制度体系，加强民办教育领域依法治教、依法行政、依法治校的督导检查，重视法规政策跟踪与实施情况评估。二是依法明确政府支持民办教育的职责和义务。民办教育新法新政要求统筹考虑当地社会经济发展和教育发展情况，将民办教育发展纳入教育整体规划；将发展与管理民办教育作为政府重要职责，将鼓励支持社会力量兴办教育作为考核各级政府改进公共服务方式的重要内容。各级政府应当保障民办学校依法办学、自主管理，鼓励、引导民办学校提高质量、办出特色，同时要求县级以上地方政府设立民办教育发展专项资金，用于支持民办学校提高教育质量和办学水平、奖励举办者等。三是加强民办教育管理队伍建设。加强中央和各级教育行政部门中民办教育管理机构的改革，针对全国民办教育改革发展现状和关键任务，加强教育部门对民办教育的管理力量，补齐配强专业管理人员，提高民办教育治理能力和水平。

四　提高政府管理服务水平

政府管理服务质量在一定程度上反映了政府对民办高校治理

的能力水平。一是加快转变政府教育管理职能。《民办教育促进法》及其《实施条例》始终坚持教育公益性质，同等对待民办教育，加快建立公开、透明、平等、规范的教育领域准入制度，实施教育行业准入负面清单制度，保障各类办学主体依法进入教育领域。积极鼓励按照服务性质而不是所有制性质，制定教育扶持政策推进营利性民办教育服务市场化改革，扩大向社会购买基本教育服务的范围和比重，鼓励社会资本进入教育领域、提供个性化多样化服务。二是积极推进教育简政放权。要求各级人民政府和教育行政管理部门尊重行业市场作用和学校主体地位，减少事前审批，加强事中事后监管，提高政府管理服务水平。三是注重部门之间的协同配合，将改革的主体由教育部门的一元推动向强化部门协调转变。在国家民办教育联席会议制度基础上，统筹教育、编制、发改、民政、财政、人社、国土、住建、税务、市场监管等部门，共同破解民办教育发展中的重点难点问题。坚持顶层设计与基层创新相结合，积极健全扶持和监管机制，推动民办学校分类管理改革平稳有序推进。四是建立科学完善管理服务平台。《民办教育健康发展若干意见》要求相关行政管理部门，建立民办教育管理信息系统，推广电子政务和网上办事，逐步实现日常管理事项网上并联办理，及时主动公开行政审批事项，提高服务效率，接受社会监督。

五　依法保障办学自主权

民办教育新法新政把解决影响民办学校改革发展的办学自主

权问题作为突破口，及时反映和协调民办学校各方面各层次的利益诉求。《民办教育促进法》《实施条例》及配套政策从法律法规层面确立了民办学校与公办学校同等的法律地位，并规定国家要保障民办学校的办学自主权、保障民办学校举办者、校长、教职工和受教育者的合法权益，主要涉及民办学校的分类选择自主权、教学自主权、招生自主权、用人自主权和收费自主权等方面。一是民办学校的举办者可以自主选择设立非营利性或者营利性民办学校。但是，不得设立实施义务教育的营利性民办学校。二是在教学自主权方面，扩大民办高校和中等职业学校专业设置自主权，允许以按照办学宗旨和培养目标自主设置专业、开设课程、选用教材，同时鼓励学校根据国家战略需求和区域产业发展需要，依法依规设置和调整学科专业。三是在招生自主权方面，规定实施学前教育、学历教育的民办学校享有与同级同类公办学校同等的招生权。允许中等及以上层次的民办学校在合理规模内，与当地公办学校同期自主确定招生方案、标准和方式，各地不给民办学校跨区域招生设置障碍。四是在用人自主权方面，规定民办学校可以自主招聘教师和其他工作人员，其中，民办职业学校、高等学校自主开展教师专业技术职务评聘。五是在收费自主权方面，《民办教育促进法》明确了民办学校分类收费管理制度，营利性民办学校的收费标准由学校自主决定，实行市场调节；非营利性民办学校收费的具体办法由各省级人民政府制定。《实施条例》对接上述要求，删除了收费审批的相关规定，明确民办学校可以基于办学成本和市场需求等因素，遵循公平、合法和诚实信用原则，考虑经济效益与社会效益，合理确定收费项目和标准。总体思路是营利性民办学校可以自主确定收费标准，依照市场机制办学，非营利性民办学校收费也在探索通过市场化改革试点，逐步实行市场调节价。

第二节　民办高校治理风险表现

总体来看，民办高校内外治理建设取得阶段性成绩，一些潜在风险堵点有可能影响分类管理改革的推进。在民办高校内部治理方面，存在党的领导落实不到位、内部机构运行不顺畅、教职工参与民办管理不够等风险问题；在外部治理方面，部分地区民办高校办学自主权的政策明显滞后于其他地区、其他类型院校，改革纵向传导有"温差"、政策横向配套有"色差"、实际改革成效有"落差"，需要推动政府教育职能优化、治理制度简化、自主权改革深化、队伍建设力度强化。

一　民办高校内部治理风险堵点

在《民办教育促进法》《实施条例》及其配套政策的规范引导下，民办高校现代学校制度建设逐渐成熟，但面对分类管理改革的新形势新任务，需要及时破除潜在的风险堵点。

（一）党的领导落实不到位

党的十八大以来，民办高校在全面加强党的领导和建设方面取得显著成效的同时，也面临一些新情况、新问题、新挑战。调研发现，面对十九大报告强调坚持党对一切工作的领导的总要求，有的民办高校在具体办学过程中存在的一些偏差和问题。一是重视程度不够。有些地区和民办高校没有充分认识到党建工作的重要性必要性，党组织在教育中的作用尚没有达成足够的共识。与民办学校已有规模及其功能作用相比，与公办学校党建工作相比，一些地方对民办学校党建工作的重视程度还不够，存在研究不够、投入不多等现象，强有力的制度支撑和工作抓手还不够多，一些民办学校党组织负责人的政治待遇尚未保障到位，尤其是大部分民办高校党委书记未能享受和公办高校党委书记同等的政治待遇，无法及时学习中央有关文件。二是党的全面领导不够。有些民办高校党委"四个意识"不强、对思想政治工作重视不够、基层党建工作薄弱；有的学校党建工作体制机制有待健全，隶属关系需要进一步理顺；党组织设置不全、基层党建工作薄弱，党建工作保障不到位，党的教育方针不能全面落实。三是党组织政治核心作用发挥不够。有些民办学校治理结构复杂，董（理）事会是学校重大事项的决策机构，虽然中央有关文件已明确要求"董（理）事会决策之前，要听取党组织意见"，但在实际操作中，党组织充分发挥作用存在难度，话语权不足，一些民办高校的党委书记可以"派进去"但"管不住"，党组织书记队伍不强，党组织保证监督作用发挥不到位，旗帜不鲜明。四是党建与业务融合统一不够。部分民办高校党建和业务"两张皮"现象还不同程度地存在，有的学校党组织和内部机构融合不够，一些地方教育行政部门在民办学校审批、登记、备案、年检等管理环节还没有与其党建工作成效紧密挂钩。六是队伍建设力度不够。一些地方民办高校党建和思想政治工作专门力量配备还不到位，不少省份的民办高校尚未按照师生比 1：200 配齐辅导员，各地民办高校思政课教师队伍缺口较大。

（二）内部机构运行不顺畅

组织机构是民办高校法人治理结构的重要载体。由于我国民办高校创办时期的社会环境不同、学校举办基础不一、举办者权益诉求多元，学校内部治理机制不健全、治理体系不完善问题没有根本解决。一是民办高校内部治理体系和相关主体权责的规定和要求不够清晰，规范性、操作性不强，这就给学校治理体系留下自由发挥空间。比如，《民办教育促进法》第十九条、第二十条及其《实施条例》第九条、第十六条多是原则性规定，很难在实际操作中落地，导致监督评判没有参照标准，部分学校的组织机构设置虽然健全，实际作用发挥不充分。二是民办高校内部决策机构设置和运行不规范，个别学校决策机构的人数和结构不尽合理，有家族化倾向以及"子承父业"的代际传承特点。董事会议事规则不健全，开会"董事长一言堂"、家族利益至上，决策权、管理权、监督权等存在交叉错位、界限不清，在一定程度上影响了民办高校的健康可持续发展。三是个别民办高校举办者仍有"学校是我的""大家都得听我的""钱是我辛苦赚来的"等错误认识，决策权乃至经营权始终掌握在举办者（出资人）手里。个别举办者（出资人）的民主管理意识薄弱、对学校具体办学过程、具体办学内容干预过多；决策权力和行政权力时有冲突、关系紧张，有的民办高校校长岗位更换频繁，影响学校正常教育教学秩序。近年来，越来越多的民办高校面临"二代接班"的问题需要引起关注。与"初创一代"相比，"二代接班人"对社会力量办学的认识、对学校的感情有差距，尤其是在分类管理选择中，面临诸多冲突与矛盾、焦虑与压力、担心与忐忑，在分类选择上带来极大的不确定性。

（三）教职工参与民主管理不够

当前，民办高校教师参与学校民主管理权益的实现程度较低，民办高校教师普遍认为学校管理过程中人文关怀不够，自身的组织认同感不强，民办管理参与机制不健全、参与渠道不畅通、参与意愿不高。调研发现，一线教师的主要任务是教学，参与学校管理事务的机会很少、发言权小，个别学校教代会没有按要求召开，或教代会制度形式化、走过场，实质性作用发挥不够；部分学校管理人员和中层干部也都得向老板（举办者或出资人）负责，直接参与管理的机会很少。尽管教职工和学生群体普遍认为，按照现代学校制度建设的要求，确实需要建立合理科学的内部治理体系，形成举办者、董事会、校长、校务会、党代会、教代会常态化制度，明确学校决策权、行政权、学术权、监督权之间的界限分工，但是目前个别民办高校的民主管理的机制渠道不畅通，普通教职工不知道通过什么形式参与学校的民主管理。①

二　民办高校外部治理风险堵点

推进民办学校分类管理改革，促进民办高校高质量发展教育，必须持续深入推进教育领域的"放管服"改革，通过简政放权实现产权有效激励、要素自由流动、竞争公平有序、学校优胜劣汰，让各类办学主体有更强活力和更大空间去提高办学质量，实现教育资源配置效益最大化和效率最优化。近年来，我国高等教育领域简政放权、放管结合、优化服务改革总体进展良好，一些地方和高校普遍认为改革力度大、政策含金量高，有助于激发学校办学主体的生机活力，但同时在民办高等教育也存在一些突出问题，尤其是民办教育治理能力有待提高、专业管理队伍建设力度仍需强化。

（一）民办教育治理能力有待提高

一是政府教育管理职能和理念有待优化。面对推进国家教育治理体系和治理能力现代化的新任务，有些学校反映，政府管理部门抓教育事业、促教育发展的"油门"，往往被僵化的管理理念和方式踩了"刹车"，教育改革创新的成效被减损甚至被抵消。国家不少好政策、好办法在实际实行中打了折扣，还没有落地生

---

① 景安磊：《民办高校教师权益实现研究》，第132—134页。

根。一些地方政府和教育行政部门对民办教育的重要地位和作用认识不足，思想观念上仍存在"民办教育是权宜过渡、拾遗补缺，可多可少"的观点；也有部分学校反映，管理部门提供的服务方式僵化、办事程序烦琐，耗费时间精力成本较多。需要切实转变政府职能，进一步鼓励支持民办教育发展，优化教育政务服务。二是民办教育治理制度有待简化。面对教育领域简政放权的新形势，部分地方政府和学校反映，当前影响民办高校高质量发展的体制机制障碍还没有根本破除，对民办高校的歧视行为仍然存在；个别地区行政管理部门对民办高校具体办学环节、教育教学行为、具体审批事项等方面直接管理过多、直接干预过多，应该进一步给学校松绑减负，进一步激发民办高校办学主体活力。三是办学自主权改革有待深化。面对民办高校依法自主办学的共同诉求，以办学灵活自主为比较优势的民办高校尤为强烈。调研发现，一些民办高校发展空间受限制，实行收费备案、自行设置专业等自主权落实不到位，影响了特色办学发展；以成本核算为主的民办学校收费无法体现优质优价，不利于提高民办学校的办学积极性。分类管理改革中"权力下放"在一定程度上异化为"责任下放"，少数地区在实际工作中害怕触犯法律法规"红线"，面对自主权的利好政策喜忧参半，对下放的权力怕接不住、用不好，担心"权多了反而麻烦"，个别地区干脆不用利好政策，在一定程度上存在"政府在忙、学校在盼""少数地方在试、多少地方在看"的现象。同时，一些民办高校缺乏改革的内生动力，主体意识虚化、责任意识淡化、治理能力弱化，习惯于"等靠要"，改革的举措未能传导至广大师生群体。

（二）管理队伍建设力度仍需强化

目前，我国民办教育领域的专业管理力量薄弱，监管责任划分需要更加明确。在国家层面，教育部发展规划司民办教育管理处负责民办教育事业的全面统筹管理工作，但一个处室编制和人员显然无法应对民办教育领域的复杂工作，在专业化管理服务方面更是捉襟见肘。各省级教育行政部门，只有部分地方设置了专门的民办教育管理处室，专业化机构和队伍建设亟待加强。目前，有北京、天津、吉林、安徽、上海、山东、湖南、广西、四川、云南、贵州、重庆、陕西、甘肃、新疆等 15 个省（自治区、直辖市）的教育厅（委）专门设置了民办教育管理部门，其中，山东省教育厅设置了民办教育与继续教育处、四川省教育厅设置了社会与民办教育处，其他省份设置为民办教育处或民办教育管理处，主要职责是负责本省份的民办教育统筹规划、综合协调和宏观管理等有关工作。内蒙古、辽宁、山西、江苏、浙江、福建、江西、湖北、海南、青海、宁夏等 11 个省（自治区、直辖市）的教育厅规定由发展规划处主管民办教育相关工作。黑龙江、河北、河南、广东 4 个省份由教育厅的政策法规处主管民办教育工作。此外，西藏的民办教育规模较小，管理职能主要分散在教育厅相关处室。

此外，民办高校分类管理改革和风险防范涉及多个教育、经济、编制、发改、土地、财政、税收等跨部门、跨专业领域，对专业管理人员的综合素质和管理经验要求很高，民办教育管理部门层级和队伍建设力度亟须加强。

第三节　民办高校治理风险防范

稳步推进民办高校分类管理改革，需要进一步防范民办高校内外部治理风险，加强党对民办高校的领导，提高学校自主管理能力，变革外部治理模式，健全退出保障体系，落实和扩大办学自主权，加快构建政府依法行政、学校依法办学、教师依法执教、社会依法支持和参与治理的营利性和非营利性民办高校分类发展新格局。

一　加强党对民办高校的全面领导

加强党对民办高校的全面领导，是办好中国特色社会主义民办高校的根本政治保证和最大制度优势。面对坚持和加强党对教育工作全面领导的新要求，民办高校也不能例外。一是扣紧压实民办高校党建工作的责任链条。提高民办高校党的领域和党建工作政治站位，强化民办高校党的建设主体责任，将民办高校纳入党建工作整体布局。各地各民办高校应旗帜鲜明讲政治，牢牢掌握党对民办高校的领导权，同步加强营利性和非营利性民办高校党建工作，将党的领导贯穿办学治校的全过程。用习近平新时代中国特色社会主义思想统领民办高校党的建设，始终坚持正确办学方向，研究部署民办高校党建工作的具体举措，全面提升民办高校党的建设工作能力和水平。二是充分发挥民办高校党组织的政治核心作用。民办高校党组织的政治核心作用主要体现在保证办学政治方向、凝聚广大师生员工、推动学校高质量发展、引领校园文化建设、参与人事管理和服务、加强自身能力建设等方面，始终坚持把牢党对意识形态工作的领导权、管理权、话语权，加强对民办高校青年教师、党外知识分子和大学生的思想引导，促使他们增强政治认同、政治敏锐性和政治鉴别力，坚定中国特色社会主义的"四个自信"。三是加强民办高校党建队伍建设。将选优配强党委书记作为民办高校党建工作的重中之重，提高其在民办高校的履职尽责能力。全面推行民办高校党委书记选派制度，明确其政治待遇和管理职级，确保民办高校党组织在会议学习、文件传达、干部培训、经费保障等方面享有与公办高校的同等待遇。着力推动民办高校按有关规定要求配齐配强党务工作人员、班主任、辅导员、思想政治理论课教师等专门力量，为加强民办高校党建工作夯实队伍基础。四是健全民办高校党组织参与决策和监督的机制。坚持党的领导与依法治校相统一，全面督促落实民办高校党组织在学校法人治理结构中的地位作用，推进党组织班子成员通过法定程序进入民办高校决策层和管理层。适时开展调研督查，完善民办高校党组织书记年度述职评议考核和学校领导班子民主生活会制度，推动各项重点任务落地落实。

二　提高民办高校自主管理能力

一是完善民办高校内部治理体系。鼓励营利性和非营利性民办学校同时探索创新现代学校制度，建立健全民办学校理事会（董事会）、监事（会）制度，规范其成员结构，依法保障校长行使管理权，形成决策、执行、监督相互独立、相互制约的法人治理结构。保障民办高校党组织发挥政治核心作用、保障校长依法独立行使教育教学和行政管理职权、保障学校专家学者的学术权力等。完善民办高校内部民主管理制度，依法保障师生群体参与民主管理和监督的权益，定时召开教职工代表大会和学生代表大会，完善提案议案制度；逐步培育和完善民办高校教师工会组织和学生党团组织，使之具有相对独立性，充分发挥其积极作用，同时也要用法律和道德对其进行约束，提高其自治和自律能力。建立健全民办高校师生权益救济机制，保障合法权益矛盾化解渠道顺畅。二是优化民办高校内部治理运行规则。按照《实施条例》要求修改民办高校章程，进一步明确理事会、董事会或者其他形式决策机构和监督机构的产生方法、人员构成、成员任期、议事规则、组织形式等，同时严格执行落实。进一步完善理事会（董事会）、校长办公会、监事会、学术委员会、教师代表大会、学生代表大会等制度，明确相关制度的职能职责、运行规则。三是优化学校和院系治理体系。重新分配学校和二级院系在人事管理、经费使用、学科规划、校企合作、教育教学等领域的权力职责，进一步扩大二级院系自主权，确立以应用型人才培养机制为重点、以二级院系为实体的办学模式，面向服务群体和工作流程优化整合行政管理体系，强化目标管理和绩效管理，完善人员分类考核激励办法。四是创新民办高校与产业融合发展的运行模式。面对深化产教融合、校企合作的新任务，建立健全民办高校、地方政府、行业企业等共同参与的合作办学、合作治理机制，鼓励品牌企业依托或联合民办高校主导建立全国性、行业性教育集团，推进实体化运作。允许企业以资本、技术、管理等要素依法参与办学并享有相应权利，为企业参与办学、共同治理吃下"定心丸"。

三　推进民办高校治理模式变革

一是转变政府职能和服务理念。推进民办高校分类管理改革，尤其要重视树立有限、责任、法治、服务政府的观念，由过去以审批为主向以监管和服务为主转变，由过去的单一部门管理为主向跨部门协同治理转变，用减权限权激发民办高校的办学活力，增强民办教育发展内生动力和改革合力。建立民办学校诚信办学的制度规则和监管体系，健全民办高校退出机制。二是深入推进教育简政放权。充分尊重民办教育和行业规律，最大限度减少对民办高等教育资源的直接配置、减少对民办高校具体办学活动的直接干预、减少对民办高等教育微观事务的直接管理，对于营利性民办高校等适宜由市场配置的教育资源，要让市场机制有效发挥作用。加快整合各类教育资源交易平台，建立教育资源目录清单，完善教育市场交易机制，提高教育配置效率和效益。让民办高校多用时间提质量、少费功夫跑审批，为建设高水平民办高校创设良好环境。三是优化政务服务，完善服务流程。依法明确政府治理民办教育的权责范围，规范教育行政程序；加强专业化民办教育管理队伍建设。推进民办教育治理方式变革，整合民办教育管理资源，建立基于大数据的现代民办高校治理体系，构建民办高校管理服务平台和学校教育教学信息系统，实现决策支持科学化、管理过程精细化、督导评价多元化，提高教育管理效能，推动民办教育治理能力的现代化。

四 健全民办高校退出保障体系

一是完善民办高校退出管理制度。在分类管理框架下，研究制定《民办高校变更退出实施办法》，制定营利性和非营利性民办高校变更退出的具体实施细则，内容主要涵盖退出标准、退出程序、退出条件、清算问题、相关法律责任等。各地政府也可结合民办教育新法新政相关规定，制定符合本地实际且有利于推动民办高校转型发展与退出的实施意见和配套措施。二是建立退出指导机制。充分发挥管理部门责任，对两类民办高校的退出类型进行综合研判，针对性地制定相应的退出标准、程序和法律制度，探索多元化退出路径。对运行困难的民办高校开展多样化指导，如明确退出缓冲期、派遣专案指导小组、给予退出时的财税减免、积极引入专业力量等。三是建立利益相关群体的保护机制。保障举办者补偿奖励权，充分尊重举办者的历史贡献，特别对分类管理实施前的举办者，其补偿奖励要给予必要的政策倾斜，以减少改革阻力。保障学生受教育权，除保障学生的学费优先返还请求权以及必要的损害赔偿请求权外，更要侧重对学生学业继续权的维护。保障教师合法权益，结合民办高校退出的不同阶段和个人意愿，设置相应的保障性规定，建立退出后的教师长短期安置机制。

五　落实和扩大学校办学自主权

进一步深化民办教育领域"放管服"改革，赋予高水平、非营利性民办高校更充分的办学自主权，健全民办教育改革的信任和容错机制。一是完善专业质量标准体系，扩大民办高校专业设置自主权。研究制定清晰的专业质量标准体系，允许和鼓励高水平民办高校根据自身情况及发展规划等，依据标准及时设置和调整专业结构，特别是对于面向新职业、新知识、新技术等尚未列入《普通高等学校本科专业目录》的新专业，简化专业设置审批程序，给予更多政策空间。二是鼓励支持高水平民办高校开展研究生教育。探索在更大范围内开展民办高校研究生教育，对具备学士、硕士和博士学位授予单位条件的民办高校，按规定程序予以审批；研究给予一批优质民办高校硕士学位授予权和个别高水平民办高校博士学位授予权。西湖大学作为国内第一所民办研究型大学的试点，打破了民办高校起点较低的惯例，创造了中国高校从博士生再到本科生的"倒序"培养先例，翻开了中国高等教育改革创新的新篇章。三是完善高水平民办高校人才管理制度。政府在为民办高校聘用人才提供人事管理服务时，给予支持政策倾斜，简化进人程序，健全人才流动机制，在"双师型"教师从企业流动到民办高校时，帮助解决高技能人才入编和待遇保障问题。

第五章　民办高校资产财务风险
评估及防范对策

资产财务管理是民办高校改革发展的重要保障，准确完整反映了学校"家底"情况。依法清理核实和归类统计各类资产财务是有序推进民办高校分类管理改革的必经程序，有利于防范资产财务管理不完善带来的潜在风险。当前，我国民办高校运行处于收支"紧平衡"状态，需要防范法人财产权落实不到位、资产权属关系不清晰、经费筹措渠道不畅通、财务资金管理不规范等风险问题，稳定社会资本进入教育的预期。

第一节　民办高校经费收支情况及政策导向

近年来，《民办教育促进法》《实施条例》及其配套政策进一步规范了民办学校资产财务管理，为推进民办高校分类管理改革夯实了经济基础。

一　民办高校教育经费收支情况分析

教育经费状况对教育改革发展至关重要。民办高校教育经费主要分为收入和支出两部分。从历年教育经费统计年鉴的数据看，我国民办高校教育经费收入主要包括国家财政性教育经费[①]、民办学校中举办者投入、捐赠投入、事业收入[②]、其他教育经费5个统计指标；民办学校教育经费支出主要包括个人部分支出、公用部分支出和基本建设支出[③]3个统计指标。

（一）民办高校经费收支水平逐年增长

2010年至2019年，我国民办高校教育经费收入和支出逐年增长，教育经费收入的稳定增长保证了民办高校的运行支出，但基本处于收支"紧平衡"状态，即收支大体平衡、剩余经费不多，并不能很好地保障学校高质量发展所需要的支出。其中，民办高校教育经费收入从570.13亿元增长至1365.81亿元，支出从547.57亿元增长至1260.94亿元。民办高校教育经费收入占

[①]　2011年至2014年《中国教育经费统计年鉴》中未直接出现国家财政性教育经费统计指标数据，根据《全国教育经费指标说明》，国家财政性教育经费包括公共财政预算教育经费、各级政府征收用于教育的经费、企业办学中的企业拨款、校办产业和社会服务收入用于教育的经费以及其他属于国家财政性教育经费。因此本书2010年至2013年国家财政性教育经费统计指标数据由上述指标数据相加得到。

[②]　民办高校中举办者投入是指民办高校举办者投入给民办高校的办学经费；捐赠收入指境内外社会各界及个人对教育的资助和捐赠资金；事业收入指学校（单位）开展教学、科研及其辅助活动依法取得的、经财政部门核准留用的资金和从财政专户核拨回的资金，比如学费；其他教育经费指学校取得的除上述各项收入以外的其他收入。

[③]　个人部分支出包括工资福利支出、对个人和家庭的补助支出；公用部分支出包括学校购买商品和服务的支出、资本性支出；基本建设支出是指各级发展与改革部门集中安排的一般公共预算用于学校购置固定资产、土地、无形资产和大型修缮所发生的支出。

全国普通高校教育经费收入的比例基本稳定，2010 年占比为 10.37%，2019 年占比为 10.27%（见图 5-1）。

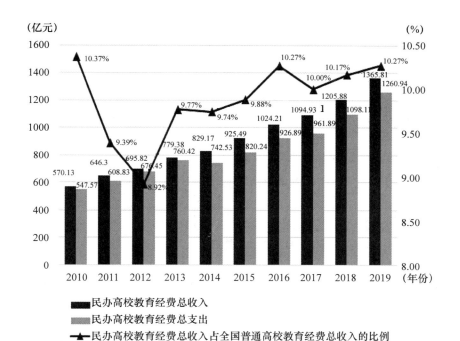

图 5-1　2010—2019 年民办高校教育经费收支情况

来源：根据 2011 年至 2019 年《中国教育经费统计年鉴》资料整理而成。

1. 民办高校教育经费收入逐年增长

2010 年至 2019 年，从民办高校教育经费收入各项统计指标的变化趋势看，教育经费收入主要依靠学费收入、国家财政性教育经费、举办者投入、捐赠收入、其他教育经费等几种途径，其中以学费为主的事业收入是最主要的经费来源。具体而言：第一，学费收入逐年增长，从 2010 年的 462.96 亿元增长至 2019 年的 1013.77 亿元，占教育经费收入的比例从 81.20% 减少至 74.22%。第二，国家财政性教育经费逐年增长，从 2010 年的 28.83 亿元增长至 2019 年的 145.11 亿元，占教育经费收入的比例从 5.06% 增长至 10.62%。第三，举办者投入有波动，2010 年为 26.96 亿元，2019 年为 26.63 亿元，占教育经费收入的比例从 4.73% 减少至 1.95%，2016 年达到最高值为 47.27 亿元。第四，捐赠收入逐年增长，从 2010 年的 1.23 亿元增长至 2019 年的 6.11 亿元，占教育经费收入的比例从 0.22% 增长至 0.45%。

表 5-1　民办高校教育经费收入情况表（2010—2019 年）

（单位：亿元，%）

年份	经费总收入	学费及占比		国家财政性教育经费及占比		举办者投入及占比		捐赠收入及占比	
2010	570.13	462.96	81.20	28.83	5.06	26.96	4.73	1.23	0.22
2011	646.3	507.54	78.53	48.17	7.45	33.29	5.15	1.65	0.26
2012	695.82	540.71	77.71	63.46	9.12	24.84	3.57	1.61	0.23
2013	779.38	594.43	76.27	74.00	9.49	34.03	4.37	3.42	0.44
2014	829.17	647.69	78.11	80.15	9.67	19.15	2.31	1.82	0.22
2015	925.49	693.12	74.89	93.03	10.05	28.09	3.04	3.61	0.39
2016	1024.21	747.29	72.96	118.84	11.60	47.27	4.62	3.35	0.33
2017	1094.93	906.57	82.80	107.7	9.84	37.98	3.47	4.29	0.39
2018	1205.88	899.59	74.60	124.92	10.36	26.19	2.17	5.98	0.50
2019	1365.81	1013.77	74.22	145.11	10.62	26.63	1.95	6.11	0.45

来源：根据 2011 年至 2019 年《中国教育经费统计年鉴》资料整理而成。

2. 民办高校教育经费支出稳步增长

2010 年至 2019 年，从民办高校教育经费支出各项统计指标的变化趋势看，教育经费支出主要是个人部分、公用部分和基本建设支出，其中公用部分支出占比最大。第一，个人经费支出逐年增加，从 2010 年的 154.92 亿元增长至 2019 年的 489.98 亿元，占教育经费支出的比例总体增加，从 2010 年的 28.29% 增长至 2019 年的 38.86%。其中，工资福利支出呈总体增长趋势，从 2010 年的 119.96 亿元增长至 2019 年的 387.00 亿元，占教育经费支出的比例从 21.91% 增长至 30.69%。第二，公用部分支出稳定增长，从 2010 年的 362.42 亿元增长至 2019 年的 763.29 亿元，占教育经费支出的比例有所下降，从 66.19% 减少至 60.53%。第三，基本建设支出及占比均呈波动下降趋势，从 2010 年的 30.23 亿元下降至 2019 年的 7.67 亿元，占教育经费支出的比例从 5.52% 减少至 0.61%。

表 5－2　　民办高校教育经费支出明细表（2010—2019 年）

（单位：亿元,%）

年份	经费总总支出	个人部分及占比		工资福利支出及占比		公用部分支出及占比		基本建设支出及占比	
2010	547.57	154.92	28.29	119.96	21.91	362.42	66.19	30.23	5.52
2011	608.83	180.13	29.59	138.36	22.73	414.29	68.05	14.41	2.37
2012	676.45	208.33	30.80	158.11	23.37	459.26	67.89	8.86	1.31

年份	经费总总支出	个人部分及占比		工资福利支出及占比		公用部分支出及占比		基本建设支出及占比	
2013	760.41	228.54	30.05	179.82	23.65	525.90	69.16	5.97	0.79
2014	742.53	269.64	36.31	209.67	28.24	467.43	62.95	5.46	0.74
2015	820.24	299.75	36.54	232.29	28.32	513.26	62.57	7.23	0.88
2016	926.93	338.04	36.47	258.94	27.94	584.32	63.04	4.57	0.49
2017	961.89	375.97	39.09	343.79	35.74	583.07	60.62	2.85	0.30
2018	1098.11	430.14	39.17	288.62	26.28	654.50	59.60	13.47	1.23
2019	1260.94	489.98	38.86	387.00	30.69	763.29	60.53	7.67	0.61

来源：根据 2011 年至 2019 年《中国教育经费统计年鉴》资料整理而成。

（二）民办本科高校经费收支水平逐年增长

2010 年至 2019 年，民办本科高校教育经费收入和支出逐年增长。其中，民办本科高校教育经费收入从 418.39 亿元增长至 1114.18 亿元，2019 年首次突破千亿元大关；民办本科高校教育经费支出从 381.73 亿元增长至 987.93 亿元。民办本科高校教育经费收入占全国本科高校教育经费收入的比例，从 2010 年的 9.41% 增长至 2019 年的 10.23%，呈现出波动增长确实（见图 5 - 2）。

图5-2 2010—2019年民办本科高校教育经费收支情况

来源：根据《中国教育经费统计年鉴2011》《中国教育经费统计年鉴2020》中《各级各类教育机构教育经费收入情况（民办）》《各级各类教育机构教育经费支出明细（民办）》和《各级各类教育机构教育经费收入情况（全国）》数据整理而成。

1. 民办本科高校教育经费收入逐年增长

2010年至2019年，民办本科高校教育经费收入逐年增长。第一，事业收入逐年增长，从2010年的383.25亿元增长至2019年的942.81亿元。其中，学费收入逐年增长，从2010年的367.29亿元增长至2019年的844.63亿元。第二，国家财政性教育经费逐年增长，从2010年的16.40亿元增长至2019年的113.16亿元。第三，举办者投入有波动，从2010年的12.40亿元增长至 2019 年的 13.95 亿元，总体增幅不大，2011 年达到最高值为 19.2 亿元。第四，捐赠收入逐年增长，从 2010 年的 0.91 亿元增长至 2019 年的 5.24 亿元。第五，其他教育经费收入逐年增长，从 2010 年的 5.42 亿元增长至 2019 年的 39.03 亿元。

2. 民办本科高校教育经费支出逐年增长

2010 年至 2019 年，民办本科高校教育经费支出各项统计指标的变化趋势看，教育经费支出的主要用途为个人部分和公用部分和基本建设支出，其中公用部分支出占比最大。第一，个人经费支出逐年增加，从 2010 年的 109.99 亿元增长至 2019 年的 390.70 亿元，占教育经费支出的比例从 28.81% 增长至 39.55%。第二，公用部分支出总体增长，从 2010 年的 252.68 亿元增长至 2019 年的 589.80 亿元，占教育经费支出的比例从 66.19% 减少至 59.70%。第三，基本建设支出总体下降，从 2010 年的 19.07 亿元下降至 2019 年的 7.44 亿元，占教育经费支出的比例从 5.00% 减少至 0.75%。

（三）民办专科高校经费收支水平波动增长

2010 年至 2019 年，民办专科高校教育经费收入和支出呈现出波动增长。其中，民办专科高校教育经费收入从 2010 年的 151.75 亿元增长至 2019 年的 251.63 亿元；民办专科高校教育经费支出从 2010 年的 165.84 亿元增长至 2019 年 273.01 亿元。民办专科高校教育经费收入占全国高职（高专）院校教育经费收入的比例，从 2010 年的 14.43% 下降至 2019 年的 10.47%，呈现出波动下降趋势（见图 5 - 3）。

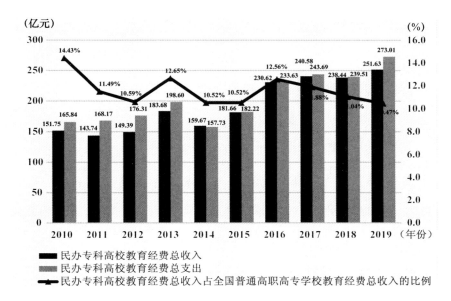

图 5 - 3　2010—2019 年民办专科高校教育经费收支情况

来源：根据《中国教育经费统计年鉴 2011》至《中国教育经费统计年鉴 2020》中《各级各类教育机构教育经费收入情况（民办）》《各级各类教育机构教育经费支出明细（民办）》和《各级各类教育机构教育经费收入情况（全国）》数据整理而成。

1. 民办专科高校教育经费收入波动增长

2010 年至 2019 年，民办专科高校教育经费收入呈现出波动增长。第一，事业收入逐年增长，从 2010 年的 121.51 亿元增长至 2019 年的 194.49 亿元。其中，学费收入逐年增长，从 2010 年的 114.26 亿元增长至 2019 年的 169.13 亿元。第二，国家财政性教育经费逐年波动，从 2010 年的 12.42 亿元增长至 2016 年的 36.44 亿元，2019 年下降至 31.96 亿元。第三，举办者投入有波动，从 2010 年的 14.57 亿元增长至 2013 年的 19.83 亿元，2019

101

年下降至 12.68 亿元。第四，捐赠收入变动不大，从 2010 年的 0.32 亿元增长至 2019 年的 0.87 亿元。第五，其他教育经费收入逐年增长，从 2010 年的 2.93 亿元增长至 2019 年的 11.63 亿元。

2. 民办专科高校教育经费支出波动增长

根据 2011 年至 2019 年《中国教育经费统计年鉴》，2010 年至 2019 年，民办专科高校教育经费支出各项统计指标的变化趋势看，教育经费支出的主要用途为个人部分和公用部分和基本建设支出，其中公用部分支出占比最大。第一，个人经费支出逐年增加，从 2010 年的 44.93 亿元增长至 2019 年的 99.28 亿元，占教育经费支出的比例从 27.09% 增长至 36.37%。第二，公用部分支出总体增长，从 2010 年的 109.75 亿元增长至 2019 年的 173.50 亿元，占教育经费支出的比例从 66.18% 减少至 63.55%。第三，基本建设支出总体下降，从 2010 年的 11.16 亿元下降至 2019 年的 0.23 亿元，占教育经费支出的比例从 6.73% 减少至 0.08%。

二　民办高校资产财务管理政策导向

《民办教育促进法》《实施条例》及其配套政策进一步规范了民办学校资产财务管理，明确资产权属关系，建立分类收费管理机制，完善资金资产管理使用规则；以问题为线索定点清除潜在风险，划清"公""民"界限，规范资本运作非法获利行为，完善关联交易监管制度和学校财务报告制度；强化营利性民办学校财务监管，健全财务核算和财务内控制度，确保学校安全稳定发展。

（一）规范民办高校资产财务管理

一是明确民办学校资产权属关系。《实施条例》规定，举办者可以用货币和非货币财产作价出资举办民办学校，非货币财产包括实物、建设用地使用权、知识产权等可以估价并可以依法转让的资产。同时再次明确了国家资助、学费和以学校名义的借款、捐赠财产等不属于举办者出资。二是在资产财务上着重依法落实、完善了营利性和非营利性民办学校分类收费和管理机制。比如，《民办教育促进法》及其《实施条例》要求民办学校基于办学成本和市场需求等因素，遵循公平、合法和诚实信用原则，考虑经济效益与社会效益，合理确定收费项目和标准。但是，非营利性民办学校的学费收入和资金往来要使用备案监管账户，营利性民办学校的收入要全部纳入学校名义开设的银行结算账户。三是完善民办学校资金和资产的管理使用规则，加强对公办学校和国有资产参与举办民办学校的监管。比如，要求公办学校不得利用国家财政性经费举办或参与举办民办学校、不得仅以品牌输出方式参与办学、不得以管理费方式取得非营利性民办学校的办学收益，并且不得举办或参与举办营利性民办学校。但是实施职业教育的公办学校除外，可以吸引企业的资本、技术、管理等要素，举办或参与举办实施职业教育的营利性民办学校。目前，我国多数民办高校还是以提供职业教育为主，培养应用型技术技能人才，因此上述要求有利于稳定民办高校的发展预期。

（二）以问题为线索定点清除风险

民办学校财务管理涉及领域多、情况复杂，潜在风险多，需要根据问题堵点定点清除。一是对规范理清"公办""民办"界限关系。《实施条例》针对利用国有企业等平台举办"国有民办"，公办学校参与举办民办学校，挤压公办学校和其他民办学校生存环境的问题，规范地方政府、公办学校行为，禁止义务教育公办学校参与举办民办学校。二是针对一些社会组织通过兼并收购、协议控制等方式控制非营利性民办学校，以非营利之名行营利之实的问题，进一步规范通过资本运作控制非营利性学校进行获利的行为，增加规定要求：同时举办或者实际控制多所民办学校的，不得改变所举办或者实际控制的非营利性民办学校的性质，不允许直接或间接取得办学收益。同时，实施集团化办学的学校，应该保障集团旗下学校所有资产由学校依法管理和使用。三是完善民办学校关联交易监管制度。民办学校应该建立关联交易信息披露制度，且遵循公开、公平、公允的原则，合理定价、规范决策，不得损害国家、学校和师生利益。四是完善民办学校财务报告制度。《实施条例》要求民办学校编制财务会计报告，学校年度财务报告要由委托会计师事务所进行审计，同时，营利性和非营利性民办学校都需要从净资产增加额或净收益中提取一定比例的学校发展基金，以保障学校健康可持续发展。

（三）强化营利性民办高校财务监管

教育部等三部委印发《营利性民办学校监督管理实施细则》，

专门就营利性民办学校财务资产提出明确要求，明确社会组织或者个人不得以财政性经费、捐赠资产举办或者参与举办营利性民办学校；设立营利性民办高校，应当纳入地方高等学校设置规划，提供资产来源、资金数额、经费筹措和使用管理及有效证明文件，严格核定学校注册资本数额、办学条件和学科专业数量等，学校收入全部纳入财务专户统一核算管理。要求营利性民办学校独立设置财务管理机构，统一学校财务核算，健全财务内控制度，不得以任何名义向学生摊派费用或者强行集资；营利性民办学校所有资产由学校依法管理和使用，举办者不得抽逃注册资本，不得用教育教学设施抵押贷款、进行担保，办学结余分配应当在年度财务结算后进行。此外，营利性民办学校还要建立风险防范和应急处理机制，确保学校安全稳定发展。

第二节　民办高校资产财务风险问题

规范资产财务管理是推动民办高校分类管理改革的关键环节。长期以来，我国民办高校存在法人财产权落实不到位、资产权属关系不清晰、经费筹措渠道不畅通、财务资金管理不规范等风险问题，在一定程度上影响了民办高校分类管理改革进度和社会资本教育的预期。

一　法人财产落实不到位

民办学校法人财产权制度是调整学校法人财产在形成和运作

过程中各方利益主体权利和义务的规章。《民办教育促进法》明确规定，民办学校对举办者投入民办学校的资产、国有资产、受赠的财产以及办学积累，享有法人财产权。学校存续期间，所有资产由民办学校依法管理和使用，任何组织和个人不得侵占。但是调研发现，部分民办高校法人财产权未有效落实，个别举办者在办学初期没有按法律法规要求，将出资用于办学的土地、校舍和其他资产足额过户到学校名下，甚至还侵占学校法人财产，将学校名义的贷款作为个人投入或将办学积累转移到个人名下，存在通过各种隐形方式实现变相营利的违法违规行为。上述违法违规行为的风险较大，如果学校运行出现问题或资金链断裂，债权人或债权单位要合法权益，学校正常办学秩序就会受到严重影响。以独立学院为例，学校法人财产权也确实影响到了转设进度。长期以来，部分独立学院法人财产权没有真正落实，如有些社会力量举办方没有及时将投入学校的资产验资过户到学校名下，对各类资产分别进行登记建账无法实现。部分独立学院无法将土地、校舍过户到学校名下尤其特殊原因，如这些土地和校舍的产权多是以母体高校的名义取得的，属于国有资产，如过户到独立学院名下就存在涉嫌造成国有资产流失的法律风险。此外，独立学院的验资过户需要明确资产增值部分的税费额度和承担主体，涉及国土、税务、财政等多个部门，教育行政部门协调困难。

二　资产权属关系不清晰

实行民办高校分类管理改革，现有的民办高校需要经过清产核资、重新登记这两个程序，尤其是选择登记为营利性民办高校的，需要在财务清算、明确财产权属后缴纳相关税费，重新登记办学。民办高校资产主要由资金、土地、设备设施、房屋建筑、师资队伍、品牌效应、管理要素、科研成果、技术专利等有形资产和无形资产构成，资产权属包括占有权、使用权、管理权、收益权、处分权等。一是资产权属模糊不清。在民办高校快速发展时期，一方面，国家层面的产权法律制度和政策体系尚不完善，有关部门对资产权属保护的意识比较薄弱，再加上学校内部资产财务管理体系建设相对滞后，在一定程度上影响了民办高校对资产权属关系的合理处置；另一方面，面对资产投入主体多元、类型要素多样、资产性质不清、权属关系复杂的客观情况，民办高校没有及时清晰界定不同投资主体对哪些资产应该享有何种权属关系，尤其是对合作期满后的土地、校舍债权债务、办学积累等权属，目前各地各校还缺乏明确的资产核算和处置规范，这就给分类登记前需要完成的资产确权工作带来极大的挑战。二是民办高校私产与校产区分不清。目前，不少民办高校在发展过程中得到了财政投入和社会捐赠，以及通过国家优惠政策形成了办学积累，但在长期办学过程中，这些都混在一起，进而导致民办学校举办者的原始投入、追加投入、承诺投入、取得合理回报情况均不清晰，政府财政投入、社会捐赠、事业收入等难以界定，利益错综复杂。有的举办者将以自身名义贷款投入学校的财产和以学校名义获得的贷款，不作区分，都作为自己的出资，混淆了个人财产与民办学校财产的关系，侵犯了学校的法人财产权。三是分类管理的清产核资的方案不明确。面对分类管理改革，由谁来进行清产核资工作需要明确；如何进行财务清算，需制订详细方案。比如，如何分类核实财务净值、财务账目、流动资产、长期投资、固定资产、无形资产、受托代理资产等，如何计算房产土地价值，如何计算学校品牌等无形资产，如何评估校园用地的价格评估等。

三　经费筹措渠道不畅通

经费来源比较单一、社会资本预期不稳、筹措渠道不畅通成为制约民办高校高质量发展的拦路虎。一是以学费为主的事业收入是最主要的经费来源。从教育经费统计数据看，2010 年至2019 年，我国民办高校学费收入逐年增长，从 2010 年的 462.96 亿元增长至 2019 年的 1013.77 亿元，占民办高校经费收入的比例最高达 82.80%、最低达 72.96%。比较单一的经费筹措渠道增加了民办高校的财务风险，比如，如果民办高校学费增长幅度过大，也会带来学校生源减少、加重学生家庭负担的风险。民办高校市场化收费放开后，不少民办高校尤其是营利性倾向明显的学校不断提高学费价格，有的学校学费每年高达 10 万元，学生直呼"上不起"。二是社会资本预期不稳的风险。从民办高校教育经费收入数据看，2016 年分类管理框架确立后，尽管国家财政性收入不断增加，但是举办者投入额度和比例明显减少，从 2016 年的 47.27 亿元减少至 2019 年的 26.63 亿元，占学校教育收入的比例也从 4.62% 减少至 1.95%，社会资本进入教育领域的预期不稳。三是民办高校融资难、融资贵。调研发现，民办高校在生均经费拨付、教师队伍建设、基金项目支持、奖助学金覆盖面等方面，没有得到与公办高校同等的待遇；还有个别地区在民办职业院校设置审批上私设门槛、提高职业教育行业准入标准，部分企业深受"不让投""不能投""不愿投"困扰，一些政府和社会资本合作项目的门槛设置过高、审批时限太长，一定程度上了影响了社会资本进入职业教育领域的预期。

四　财务资金管理不规范

资产财务管理是民办高校诚信办学体系的重要组成部分。一是财务管理存在违法违规风险。个别民办高校的举办者利用法律漏洞，频繁变更举办者涉嫌违法违规转让（移）、担保及学校外其他投资；违法违规抽逃出资、挪用办学经费，拖欠偷逃税费，甚至违法违规与利益关联方发生资产租赁、购买服务、资金借贷、劳务聘用、许可代理、资源使用、担保抵押等关联交易，损害国家利益、学校利益和师生权益；个别地区的民办专科院校没有进行统一会计核算和设置会计账簿，收取费用、开展活动的资金往来管理混乱，还有个别学校没有配备具有任职资格的专职财务会计人员，财务工作多由举办者或实际控制人的亲属出任。二是部分关联交易不合法的风险。个别举办者所在公司或个人无偿占用（挪用）学校学费，甚至有利用学校平台面向社会融资后再从事商业投资的情况发生，一旦公司或个人"资金链"断裂，就会让民办高校的运行陷入极其危险的境地。三是过去一些"打擦边球"的做法可能面临违法风险。调研发现，个别民办高校存在票据使用不规范的现象，如有些学校财务审计报告中核算的往来款项（借款）金额较多，但又无法确认这些借款的真实性、合法性，可能存在变相套取学校资金、学校净收益核算不准的风险问题。

第三节　民办高校资产财务风险防范对策

稳步推进民办高校分类管理改革，防范资产财务风险，需要尽快对现有民办高校开展清产核资，全面核实学校各类资产、资金、债权、债务情况；拓宽经费筹措渠道，搭建融资担保和信息服务平台，在促进共同富裕背景下创新基金会办学、无举办者办学模式；多措并举降低民办高校办学成本，落实分类扶持政策；同步加强两类民办高校资产财务监管，建立专用账户监管和风险防范金制度。

一　推进民办高校清产核资

以分类管理改革为契机，积极推进民办高校清产核资工作。一是全面核实举办者投入。由各省统筹开展民办高校财务管理情况调查，全面掌握学校资产财务信息，对民办高校现行财务管理体制、现有资产负债情况、业务收入等进行初步调查摸底。同时，委托第三方机构对民办高校分批分类核实举办者投入、举办方出资、办学结余分配等情况，为分类管理奠定工作基础。二是依法依规推动完成办学出资过户。依据新《民办教育促进法》及配套文件，将民办高校依法落实法人财产权作为分类登记的必要条件，出资人必须将办学出资、房产证、土地证等过户到学校法人名下。明确不履行出资义务的个人或组织不能认定为民办高校举办者，并对学校债务承担连带责任。涉及国有资产的过户（如独立学院）必须通过国资委、教育、财政、税务、发改委等部门的同意，因国有资产过户费用较高，过户进度缓慢，建议省级政府发挥统筹职能，协调国土、税务、房管等相关职能部门，形成促进改革的合力。三是对现有民办高校举办者的办学出资总额重新进行审核、验资，核算学校国有资产、捐赠形成资产等。由教育行政管理部门主导，聘请有资质的资产评估机构和第三方验资组织，按照国家有关规定进行相关验资活动，并出具验资报告。以举办者在高校成立注册时取得的出资证明为依据，对于没有出资证明或者无法证明实际出资发生相关证据的举办者，按照不履行出资义务的情况处理；具有出资证明的，审核举办者资格并重新计算举办者出资总额；国家的直接或间接投入资产、社会捐赠资产和办学积累不属于举办者投入资产，分别登记、建账、核算，报行政主管部门备案，管理与监督按照国家有关规定进行。四是组织开展财务清算。在审批机关监督下，对民办高校进行财务清算，对学校的财产、债权、债务等进行全面清理，编制财产目录和债权、债务清单，提出财产作价依据和债权、债务处理办法。处理好财产分配、债权债务等。财务清算后，由民办高校决策机构报审批机关审批。民办高校财务清算时，首先应清退学生学费、杂费和其他费用；其次支付所欠教职工的工资及社会保险缴费；最后偿还银行贷款及其他各种债务。学校清算后的剩余财产，按照分类管理政策处理，妥善处理各项遗留问题。

二 拓宽民办高校筹融资渠道

稳步推进分类管理改革，促进民办高校向更高质量发展，需要激发社会力量积极性，拓宽办学经费筹措渠道。一是探索发展新型公益性教育融资担保方式。搭建教育产业融资、担保、信息综合服务平台，完善金融中介服务体系，利用财政性资金提供贴息、补助或奖励，合理降低融资中间环节费用占比，逐步降低民办高校贷款利息负担水平；鼓励金融机构拓宽教育服务领域，依法依规审慎授信管理，设计符合国家政策与战略的教育类金融服务产品，对接民办高校资金需求，推广资产证券化融资方式和政府与社会资本合作模式；加大对教育领域民间资本的奖补力度，对民办高校基本建设、设备购置、房屋租赁等新上项目从银行类金融机构贷款给予贴息。二是探索教育信托投资。研究出台教育专项债券发行指引，支持社会力量联合民办高校设立教育投资基金，实现保值增值，收益主要用于学校发展。鼓励国有资产经营公司、国有投资公司以及其他企业为民办高校提供贷款担保服务，探索允许营利性民办高校以有偿取得的土地、非教学设施、未来经营收入、知识产权等财产进行抵押融资。三是优化民办高校准入规则。放宽对民办高校办学层次和办学硬件的不合理限制和隐形壁垒，取消对社会资本单独设置的附加条件和歧视性条款，做到同股同权，保障社会资本合法权益。根据不同的目标市场设置不同的市场准入规则，对外资逐步开放教育市场，不设置禁入领域。四是完善民办高校政策支持工具。在促进共同富裕背景下，通过创新基金会办学、无举办者办学等模式，引导鼓励社会力量捐资、出资举办民办高校，综合运用基金奖励、项目申报、政府购买、税费减免、土地划拨等政策工具，支持引导企业和社会力量提供新增高等职业教育服务和产品，鼓励有条件的品牌企业在境外国外开办民办高校，利用社会力量和市场机制把民办高等教育办好做大。

三　降低民办高校的办学成本

积极推动教育、发改、民政、财政、人力资源、国土、人民银行、税收、市场监管等有关部门落实民办高校分类扶持政策。一要有效降低人工成本。在不影响参保教职工待遇水平的情况下，合理降低学校"五险金"缴费占工资总额的比例，探索阶段性下调学校和员工的社保缴费率；对接公积金制度改革要求，规范和阶段性适当降低民办高校住房公积金缴存比例，对住房公积金缴存比例高于12%的调减至不超过12%；彻底清理和纠正歧视性政策，解决涉及民办高校教师合理流动、薪酬待遇、社会保障、专业发展、奖励扶持等政策不配套、不规范、不统一的问题，降低人才自由流动成本，破解人才"招不进、留不下"困局。二要积极推进税费减免。抓紧清除登记为民办非企业民办高校税收减免的制度性障碍，落实非营利性民办高校与公办高校的同等税收待遇，认定免税资格，免征非营利性收入的企业所得税；对营利性民办高校，综合现行法律和相关政策，免征或减征按一定比例的增值税、企业所得税等。三要切实降低制度性交易成本。清理废除地方自行制定的影响统一市场形成的限制性规定，制定准入负面清单，列出禁止和限制的办学行为，消除公办民办高校之间的歧视性待遇，规范治理对民办高校的乱检查、乱收费、乱摊派、乱罚款现象，在加大监管力度的同时，切实为民办高校松绑减负。

四　同步加强两类民办高校监管

调研发现，包括非营利性民办高校在内的不少举办者反映，应像教育部等三部委印发的《营利性民办学校监督管理实施细则》一样，在强化营利性民办高校财产财务监管的基础上，同步建立健全非营利性民办高校监督管理机制，防范可能出现的潜在风险，提高扶持政策的正向效应和财政资金使用效益，确保分类管理的效率和公平。一要加强民办高校资产财务管理，科学编制学校预算，坚持"量入为出、收支平衡"原则，加强预算执行控制和管理。分类登记过程中，严厉查处恶意套取、抽逃、转移资金和资产的事件，特别是在分类登记完成前，对涉及同一学校的、累计金额较大的多件诉讼案（含借款案），专线跟踪、预案在先。二要规范民办高校申请财政资金的基本条件、主要环节、所需材料、办理规程，结合自主申报、联合评审、现场考察、不定期督查等方式，有效约束自由裁量权，防止"权力寻租"和非法钻营。三要建立财政资金、学费专用账户监管制度，保障专项资金专款专用，收取的学杂费主要用于教育教学活动。同时，加强定期督导检查，强化经费统筹使用，盘活"沉睡"的财政资金，让"打酱油"的钱也可以"买醋"，提高经费使用效益。四要完善档案管理制度，建立统一的民办教育信用信息共享平台和信用公示系统。对民办高校申请资金用途、办学状况、从业人员、教育教学等实行全过程跟踪监管。并以信息公示为手段，将不良信用信息记入征信档案，通过构建双向告知机制、数据比对机制，把握监管风险点。五要设立风险防范资金。重点加强对举办者非法干预学校运行、管理，抽逃、挪用办学资金等行为的监管力度，为确保办学资金安全，必要时，可设立共管账户。对于列入重点监管的民办高校，每年按学费收入的一定比例提取风险保证金，统一存入当地教育行政部门指定的银行账户，施行先行赔付制度，主要用于学校出现办学风险时，退还向学生收取的学费、住宿费、补发教师工资和支付其他应急费用。

第六章　民办高校运行模式风险
评估及防范对策

伴随民办学校分类管理改革的推进，集团化办学和资本化运作成为我国民办教育领域尤其是民办高等教育领域的重要办学模式。目前，我国民办高校集团化办学规模较大，办学层次类型多样，民办高校集团化办学有利于放大规模办学效益、转换集团发展动力、完善学校治理体系、稳定民办教育改革发展预期，同时也存在法律政策风险、办学方向风险、教育属性风险和办学质量风险。引导规范民办高校集团化办学，需要加强总体态势和利弊分析研判，同步完善支持和监管政策体系，引导民办高校实现内涵式发展。资本化运作模式是民办高校筹融资的一种方式，一方面，其有利于拓展资金来源、扩大院校声誉、促进规范治理；另一方面，也潜藏政策法规冲突风险、监管司法盲区风险和院校管理运行风险。有效防范民办高校资本化运作风险，需落实分类管理政策，理性对待上市行为；强化多元主体监管，协同优化资本生态；完善风险防控机制，有效保障民办高校健康发展。

第一节　民办高校的主要运行模式

在经济学领域，集团化是指将分散的、生产规模比较小的实体以集团的形式有机地结合起来，形成规模较大的经济运行实体，并以规模优势实现企业经营的规模效应。调研发现，民办学校分类管理改革过程中，一些民办高教集团在政策衔接过渡期采取收购并购、共同持股、协议转让等方式控制多所民办高校，并采取集团化办学模式统一管理运营旗下高校。同时，还有一些旗下拥有民办高校的教育类公司纷纷通过资本化运作模式寻求旗下民办高校的上市融资。面向新发展阶段，民办高校运行模式需要主动告别粗放发展的状态，准备共同迎来一个民办高等教育有序、可持续发展的时代。

一　集团化办学模式发展态势

本书中的民办高校集团化指通过各种形式，将多个民办高校有机结合形成集团，借助规模优势实现人才培养的规模效应，是民办高校规模化、集约化办学的重要模式，所涉及的民办高等教育集团（以下简称民办高教集团）特指举办或实际控制两所及以上民办高校的集团或公司。

（一）集团化办学规模和数量

民办高校集团化办学以集团法人为办学主体，以集团资本为办学基础，以规模效应为办学优势，形成了具有生机活力的发展态势。从学校数量和办学规模看，截至2022年1月，国内有31个民办高等教育集团旗下所属境内民办高校有128所，在校生约172.5万人，分别占全国民办高校总数的1/6和民办高校在校生总数的1/4。①其中，四川希望教育集团（20所院校，20.4万在校生）和北京北方投资集团（20所院校，20.6万在校生）旗下高校数量和在校生规模最多，中国教育集团控股有限公司（8所院校、18.8万在校生）、新高教集团（8所院校、14.8万在校生）、民生教育集团（7所院校、8.4万在校生）的办学规模紧随其后。

（二）办学层次和业务范围

从办学层次看，这些集团旗下有本科院校75所（含独立学院22所）、专科院校53所（见表6-1），部分集团还通过海外收购和公私合作的方式控股多所境外高校和公办院校的二级院系。大部分集团的主要业务范围是民办高等教育，也有集团以其他教育阶段为主，如宇华教育以基础教育、学前教育为主，新华教育集团以职业教育为主等。在区域分布上，这些集团旗下高校按所在地东、中、西部各有43所、38所、47所，分布格局总体均衡、东西稍强。究其原因，东部地区经济社会发展水平更高，市场机制在民办高等教育资源配置中发挥重要作用，民办高校办学条件较好，教育教学质量相对较高，办学特色也逐渐形成；同

---

① 在调研中了解到，随着独立学院转设以及职业本科院校转入调整的逐步推进，很多公开渠道并未及时更新相关信息，因此目前的统计结果与实际情况可能有部分出入。

时，民办高校可以根据地方经济发展及时调整招生规模和学科专业布局，为服务地方经济发展输送各类技能型人才，这为民办高校集团举办或控制行为带来稳定的预期和信心。调研发现，部分教育集团也倾向于收购西部地区的民办高校，这些地区高等教育毛入学率普遍低于全国平均值，教育集团可将总部的溢出资金、成功经验等现有资源对学校加以赋能，以期能与集团旗下其他高校发展形成协同效应。

在业务范围上，大部分集团的核心业务是民办高等教育，也有集团以其他教育阶段为主，如河南宇华教育集团以基础教育、学前教育为主，安徽新华教育集团、四川现代教育集团以职业教育为主，甚至还有集团的核心业务不是教育，如浙江吉利控股集团的主要经营范围是汽车制造和销售、实业和机电产品的投资，旗下高校仅发挥为集团企业培养应用型人才的作用，处于集团业务的边缘。

表 6-1　　民办高教集团旗下高校数及在校生规模统计表

序号	集团名称及所在地	简介	旗下高校数	本科高校	专科院校	在校生（万人）
1	四川希望教育产业集团	1999 年成立，2018 年在香港上市（市值106.7亿）	20	7	13	20.4
2	北京北方投资集团	1991 年成立，覆盖汽车、教育、金融、地产等多个领域，是目前国内最大的民办高等教育集团	20	17	3	20.6

续表

序号	集团名称及所在地	简介	旗下高校数	本科高校	专科院校	在校生（万人）
3	中国教育集团控股有限公司（江西）	1999年成立，专注民办高等教育和职业教育，2017年在香港上市（市值286.7亿）	8	7	1	18.8
4	新高教集团（北京）	1999年成立，专注于应用型大学投资和管理，2017年在香港上市（市值49.48亿）	8	4	4	14.8
5	民生教育集团（重庆）	1998年成立，在重庆、内蒙古、山东、香港，以及新加坡和澳大利亚投资多所高校、中职和中学。2017年在香港上市（市值39.65亿）	7	3	4	8.4
6	河南商丘春来教育集团（河南）	2004年成立，2018年在香港上市（市值23.04亿）	5	4	1	8.1
7	四川泛美教育投资集团有限责任公司（四川）	1995年成立，专注民航职业教育二十余年，探索"教育+实业"发展新路径，旗下还有诸多民航中职院校	5	5	0	6
8	南昌航天科技集团有限公司（江西）	1987年成立，1999年开始整合资产逐渐向投资工科为主的非营利性高等教育转型	5	3	2	5.5
9	浙江吉利控股集团有限公司（浙江）	1986年成立，以汽车行业为主业，2004年成立铭泰教育运营高校，集团在香港上市，未打包教育资产	5	3	2	4.2
10	新华教育集团有限公司（安徽）	1988年成立，旗下拥有新华教育（高校）、中国东方教育（中职）两个品牌。2018年在香港上市（市值25.09亿）	3	3	0	4.3
11	宇华教育集团（河南）	2001年成立，集高教、基教、学前教育于一体，2017年在香港上市（市值84.83亿）	3	3	0	8.8

续表

序号	集团名称及所在地	简介	旗下高校数	本科高校	专科院校	在校生（万人）
12	云南翰文教育投资集团有限公司	2013年成立，涉及学校教育、科技研发、教育产业、金融投资、国际化等板块	3	1	2	4.6
13	东软教育科技有限公司（辽宁）	2000年成立，是中国最大的IT高等教育集团，拥有3家IT本科高校、8家培训学校和12家数字工场。2020年在香港上市（市值35.11亿）	3	3	0	4
14	广东南博企业集团	1997年成立，是由在教育、科技、农业和金融等领域投资发展的二十多家企业和单位组成的综合性企业集团	3	1	2	2.8
15	东华教育集团（吉林）	2003年成立，形成了融本科、高职、中职和继续教育梯次化的办学体系	3	1	2	2.2
16	北京北科昊月教育集团	1997年成立，以教育投资为主体，涵盖高等学历教育、驾校、在线教育、电脑等高科技产品	2	1	1	5.1
17	中汇集团控股有限公司（广东）	2003年成立，大湾区最大的民办商科高教集团，2019年在香港上市（市值47.80亿）	2	1	1	3.5
18	瀚恒教育科技发展有限责任公司（重庆）	2015年注册，专注学校管理，为学校提供后勤管理服务、开发教育软件、教学设备等	2	1	1	3
19	嘉宏教育科技有限公司（浙江）	2003年成立，2019年在香港上市（市值49.63亿）	2	1	1	3.9
20	华立大学集团有限公司（广东）	2016年成立，专注民办高等教育及职业教育，2019年在香港上市（市值14.52亿）	2	1	1	3.5

序号	集团名称及所在地	简介	旗下高校数	本科高校	专科院校	在校生（万人）
21	深圳洪涛集团股份有限公司（广东）	1985 年成立，致力于公共建筑高端装饰，2009 年在 A 股上市（市值 37.11 亿，教育占 6.96%）	2	0	2	2.9
22	中国贺阳教育集团控股有限公司（河北）	2002 年成立，集教育投资、合作办学、教育管理、国际交流为一体的教育集团公司，河北省最大的民办教育集团（申请上市）	2	2	0	2.9
23	武汉当代科技产业集团股份有限公司（湖北）	1988 年成立，已发展成为集生物医药、学历、文化教育、地产开发于一体的多元化产业投资集团。集团上市，未打包教育资产	2	2	0	2.4
24	辰林教育集团控股有限公司（江西）	2018 年成立，从事民办高等教育行业超 17 年，2020 年在香港上市（市值 21.9 亿）	2	1	1	2.2
25	21 世纪教育集团（河北）	2000 年成立，2018 年在香港上市（市值 5.49 亿）	2	1	1	2
26	镐京国际教育集团（陕西）	2012 年成立，于香港注册，集高教、医药、服装、能源、地产、广告传媒等为一体	2	2	0	1.8
27	高博教育（苏州）管理有限公司	2003 年创建，中外合资，致力于发展中国和东南亚地区的高等教育事业，除境内高校，高博教育还投资诸多境外高校，以及合作办学高校、校区、实训基地	2	0	2	1.2
28	成实外教育（四川）	2000 年成立，西南地区最大的学前至十二年级民办教育集团，2016 年在香港上市（市值 14.21 亿）	1	1	0	2.9

续表

序号	集团名称及所在地	简介	旗下高校数	本科高校	专科院校	在校生（万人）
29	天有集团（湖北）	1998年成立，旗下还有8所民办中小学校、1个在线培训机构，在美国、泰国、印度、新西兰等国投资教育项目（申请上市）	1	1	0	1.5
30	中锐集团（上海）	1996年成立，旗下包含基础教育和职业教育两大板块，全资、控股几十家公司和学校	1	0	1	0.6
31	四川现代教育集团	1989年成立，覆盖学前、义务、高中、职业教育、高等教育、继续教育、民族教育共7个教育门类，在校师生8万多人	四川应用技术职业学院、成都文理学院、哈尔滨广夏学院，均为与北京北方投资集团合作举办，不再重复计学校、学生数			

注：1. 数据截至2022年1月；2. 未标注情况下，集团市值单位为港元；3. 旗下高校未计算校内二级院校及境外高校，比例以《2021年全国高等学校名单》数据为计算基数；4. 在校生规模仅计算境内普通高校在校学生数，数据来源于各集团、院校官网、年报或根据校均规模估算，比例以《2020年全国教育事业发展统计公报》数据为计算基数；5. 尽量收集了公开信息，可能未穷尽所有民办高等教育集团及其旗下高校。

（三）发展方式和上市情况

从发展方式和上市情况看，这些集团公司主要通过出资举办、投资持股、收购并购、协议转让、竞价竞标等方式实际控制民办高校，然后对旗下高校统一管理运营，经费筹融资方式主要是学费收入、举办者投入、上市融资和债权融资等。据统计，上述31个民办高等教育集团，已有15个集团在香港上市，总市值约 1000 亿港元。其中，2017 年以来集中在港上市的集团逐渐增多，主要通过 VIE 架构（国内称"协议控制"）实现港股上市，即在境外注册的上市实体与境内的业务运营实体相分离，再由境外的上市实体通过协议的方式控制境内的业务实体。

二　资本化运作模式基本历程

资本化运作模式主要指运用市场法则，通过对各类资产进行有效运营来实现价值增值和效益增长的经营方式，主要表现形式是通过证券交易所公开向投资者增发股票，即"上市"。2016 年民办学校分类管理改革政策确立以来，由于我国强化对民办学前教育和义务教育领域的营利性行为监管并实施禁止性政策，民办高校日益成为资本青睐的优质标的。

（一）民办高校上市现状

2016 年以来，由于我国强化对民办学前教育和义务教育领域的营利性行为监管并实施禁止性政策，民办高校日益成为资本青睐的优质标的。据统计，我国目前有 23 家民办高校控股公司在香港上市，这些公司旗下所属的民办高校共 82 所（本科 51 所、专科 31 所），在校生共约 122 万人（详见表 6-2），分别占民办高校总数的 10.6% 和民办高校在校生总数的 15.4%。此外，中国贺阳教育集团、天有教育集团、景大教育、新高迪集团 4 家民办高教公司正在向香港交易所提交上市申请。除港股上市外，另有 10 余家 A 股上市公司出资举办或控股收购了多所民办高校，如茅台集团、三一集团、科大讯飞、罗牛山股份、博通股份、国脉科技、洪涛股份、陕西金叶、新南洋昂立教育、新华文轩、赛为智能等公司旗下均拥有民办高校资产。可以预见，受学前教育、义务教育阶段民办学校营利性限制和校外培训机构治理政策的多重影响，未来一段时期内仍会有不少民办高校控股公司赴港上市。

表6-2　　民办高校控股公司赴港上市及旗下民办高校规模

序号	上市时间		市值/亿	市盈率（动）/倍	销售净利率/%	旗下境内高校数（本，专）	在校生数/万
1	2021.07	中国通才教育	19.97	12.87	44.86	1（1，0）	1.7
2	2021.07	华南职业教育	15.21	6.3	44.23	1（0，1）	2.1
3	2020.09	东软教育	35.11	25.17	21.22	3（3，0）	4
4	2020.08	立德教育	2.93	4.68	26.52	1（1，0）	1.3
5	2020.07	华夏视听教育	34.2	9.86	39.62	1（1，0）	1.8
6	2020.01	建桥教育	18.14	7.25	32.18	1（1，0）	2.2
7	2019.12	辰林教育	21.9	22.08	26.89	2（1，1）	2.2
8	2019.11	华立大学集团	14.52	8.41	16.27	2（1，1）	3.5
9	2019.07	中汇集团	47.8	9.6	37.53	2（1，1）	3.5
10	2019.06	嘉宏教育	49.63	14.01	60.48	2（1，1）	3.9
11	2019.01	中国科培	60.66	7.54	65.12	1（1，0）	3.1
12	2019.01	银杏教育	5.85	23.65	20.97	1（1，0）	1.2
13	2018.08	希望教育	106.7	14.64	26.03	20（7，13）	20.4

续表

序号	上市时间		市值/亿	市盈率（动）/倍	销售净利率/%	旗下境内高校数（本，专）	在校生数/万
14	2018.05	21世纪教育	5.486	5.2	27.95	2（1，1）	1.9
15	2018.03	中国新华教育	25.09	5.35	71.61	3（3，0）	4.3
16	2017.12	中教控股	286.7	16.5	39.97	8（7，1）	18.8
17	2017.04	新高教集团	49.48	7.24	39.52	8（4，4）	13.8
18	2017.03	民生教育	39.65	11.05	31.42	7（3，4）	9.3
19	2017.02	宇华教育	84.83	8.55	37.76	3（3，0）	8.8
20	2016.01	成实外教育	14.21	6.58	11.91	1（1，0）	1.7
21	2018.09	中国春来	23.04	3.15	58.25	5（5，0）	8.1
22	2011.11	首控集团	公司主业不是教育，未统计			2（1，1）	1.3
23	2005.05	吉利汽车				5（3，2）	4.2

注：1. 按照公司赴港上市的时间排列；2. 市值截至2022年1月14日，未计算首控集团和吉利汽车市值，市值单位为港元。

（二）民办高校上市的发展历程

1. 2006年前的探索上市期。上市是民办高校与资本市场联姻的创新探索，2002年前，除已上市的公司投资民办高校外，无纯粹的民办高教公司上市。其一，相关法律政策限制上市。《教育法》《高等教育法》规定，不得以营利为目的举办学校。没有修订前的《民办教育促进法》规定出资人可从办学结余中取得合理回报，同时重申限制营利。《外商投资产业指导目录》

（以下简称《指导目录》）规定，外商投资民办高等教育机构仅限于合资合作。其二，部分民办高校探索 A 股上市。一方面，民办高校借壳上市，如某独立学院受让一上市公司30%股份成为第一大股东后，置换入学校资产实现上市。另一方面，投资创办或控股民办高校的上市公司，通过产业置换、合并报表等方式运作旗下高校上市。如某上市公司与子公司，置换旗下民办高校的部分资产；某集团与上市公司合作，置换旗下民办高校的部分股权。其三，个别民办高校探索海外上市。2004 年之前以借壳上市为途径，如某民办高校将资产作价入股海外上市公司，取得控股权后在澳大利亚上市。《实施条例》（2004 年版）规定民办学校举办者不得向社会公开募集资金。民办高校主体无法直接上市，转而以典型红筹架构（Red Chip）①寻求上市。如某民办高校注册境外公司，以返程控股的典型红筹架构于英国首次公开募股。

政策变革和资本市场发展双向联动、交互影响，该时期民办高校上市受限于营利限制、外商投资准入、公开募集限制等政策。呈如下特点：一是 A 股上市为主，海外上市较少。上市公司投资的民办高校大多于 A 股上市；民办高教公司上市数量总体较少，仅海外上市 2 家、A 股上市 1 家。二是以借壳、典型红筹架构为海外上市途径。民办高校主体海外上市开始受政策限制。三

---

① 典型红筹架构即资产、股权收购红筹架构，通过设立海外特殊目的公司返程收购并控股境内民办高校运营实体；目前运用较多的红筹模式为协议控制。

是以单体民办高校的形式上市，或不同集团先后借壳以单体民办高校上市。

2. 2006—2016 年的间接上市期。因政策限制，民办高教公司不再以典型红筹架构在海外上市，间接上市成为民办高校上市的唯一途径。其一，返程投资监管政策限制上市。2006 年《关于外国投资者并购境内企业的规定》加强对典型红筹架构的监管，规定境内主体设立特殊目的公司（Special Purpose Vehicle，SPV）返程并购国内资产上市的，需经商务部、证监会审批。其二，外商投资准入政策限制上市。2012 年《教育部关于鼓励和引导民间资金进入教育领域促进民办教育健康发展的实施意见》规定，中外合作办学时境外资金比例应低于 50%；《指导目录》（2015 年修订）强调，外商投资高等教育机构限于合作且须由中方主导。其三，民办高校间接上市增多。民办高校主体于 A 股直接上市存在营利限制和公开募集限制等法律政策障碍，上市公司以投资创办、参股控股、产业置换等方式实现民办高校间接上市的持续增多。如某些公司于 A 股上市后收购，或控股，或创办了民办高校。

该时期民办高校上市开始受返程投资监管政策限制，呈如下特点：一是无海外上市。典型红筹架构的监管要求，限制民办高校主体于海外上市。二是 A 股为主，港股为辅。大量投资民办高校的上市公司为 A 股，旗下高校自然于 A 股间接上市。少量民办高校由某香港地区公司收购后，于港股间接上市。三是民办高教公司上市进入空档期。大量民办高教公司积聚实力、蓄势待发，间接促成下一阶段的集中上市。

3. 2016 年以来的集中上市期。2016 年《民促法》修订并实施非营利性和营利性民办学校分类管理，引发民办高校史无前例的上市热潮。其一，取消营利限制政策。新《民促法》明确允许设立营利性民办学校（义务教育阶段除外），《民办学校分类登记实施细则》等配套制度相继发布。其二，民办高校主体 A 股上市的约束犹存。2017 年，高等教育机构划入《外商投资准入特别管理措施（负面清单）》的规制范围。2021 年，新《实施条例》规定营利性民办学校可依法募集资金，但大量民办高校尚未进行分类登记。其三，通过协议控制（即 VIE 架构①）寻求境外上市成为主要途径。修法以来，境外上市的民办高教公司有 20 家。除 4 家民办高教公司以典型红筹架构上市外，其余近八成以 VIE 架构上市。部分民办高教公司搭建 VIE 架构前进行了资产重组，如某民办高教公司为实现旗下民办高校上市，剥离了其他 16 家子公司。新《实施条例》限制学前和义务教育阶段的兼并收购、协议控制，未涉及民办高校，预计依然存在民办高校上市的选择和行为。

营利限制、公开募集限制、外商投资准入等不同程度放开，

---

① "VIE 架构"（Variable Interest Entities），直译为"可变利益实体"即 VIE 模式，在国内被称为"协议控制"，是指境外注册的上市实体与境内的业务运营实体相分离，境外的上市实体通过协议的方式控制境内的业务实体，业务实体就是上市实体的 VIE（可变利益实体）。

使民办高校上市呈如下特点。一是上市诉求强烈，时间集中。2016—2019 年，年均上市 5 家民办高教公司。二是境外上市为主，港股居多。17 家民办高教公司于港股上市，占比超八成；此外，1 家于美股上市，2 家于新三板挂牌进行场外交易。三是集团化特色突出。港股上市的 17 家民办高教公司中，超八成（14家）拥有 2 所及以上民办高校，规模最大的有 19 所。四是首家营利性民办高校上市。如 2020 年上市的某民办高教公司，其旗下民办高校明确登记为营利性。

第二节　民办高校运行模式风险表现

面向普及化高等教育发展新阶段，人民群众对优质高等教育资源的选择性需求日趋旺盛，单体民办高校在社会经济发展和高等教育发展的大背景下竞争力渐弱、办学经费趋紧，集团化办学和资本化运作成为民办高校可持续发展、规模扩大和拓展经费来源渠道的重要途径，在扩大高等教育服务供给、提高办学综合效益、纳入规范监管框架等方面的作用明显，同时也不能忽视这些运行模式带来的潜在风险。这些风险一部分是由外部环境不确定性造成的，也有一部分是由运行模式本身不成熟不稳定所导致的。

一 集团化办学风险表现

（一）法律法规和政策风险

《实施条例》第十二条明确规定，实施集团化办学的社会组织，不得通过兼并收购、加盟连锁、协议控制等方式控制非营利性民办学校。目前民办学校分类管理改革政策还没有完全落地，绝大多数民办高校（含独立学院）的法人属性还是不以营利为目的"民办非企业单位"，尚未完成分类登记。因此，在新旧政策衔接过渡时段，一些教育集团在没有完成学校清产核资情况下收购并购民办高校的行为，涉嫌打"擦边球"，在这种情况下，可能会出现产权不清晰，一部分有形和无形国有资产被纳入民办高教集团资产中，或流失或被占用，一旦政策清晰后，如何剥离就存在潜在的风险。还有一些集团旗下多所独立学院面临规范设置问题，需要重视和预估未来有可能出现的违法违规问题。

（二）运行状态和办学方向风险

随着民办高校集团化办学模式的扩张，集团旗下高校的数量和规模逐渐扩大，而资本市场跌宕起伏，一旦资金链出现危机或断裂导致集团破产乃至学校停办，将严重影响日常教学秩序，师生合法权益难以保障，波及范围较广，容易引发社会稳定问题。此外，急于上市融资的教育集团和民办高校存在被收购并购或被实际控制的风险，如果被境外资本变相控制甚至会触及教育主权、文化与意识形态安全问题。

（三）教育公益性被削弱的风险

当前，受限于学前教育和义务教育阶段的新法新政限制，民办高等教育行业越来越受到资本的青睐，导致逐利性资本积极涌入，这在一定程度上会削弱高等教育的公益属性。学生培养并非一朝一夕，教育发展需要稳定、可持续投入，而资本市场却追求短期、快速获利；个别民办高教集团被逐利性资本"裹挟"，非理性追求上市融资，"快资本"与"慢教育"的矛盾比较突出。短期来看，部分以营利性为目的的民办高教上市集团会弱化高等教育公益性，可能对高等教育公平产生不良影响，带来新的挑战。

（四）民办高校办学质量风险

首先，个别集团为实现短期内上市目标，一般会通过抢占市场、规模扩张、大幅提高学费住宿费等手段实现快速获利，易造成教育教学质量缩水、优质教育资源稀释等不确定问题。其次，集团化办学模式复制过程中，旗下高校更多依赖集团决策，独立自主办学能力受限、同质化发展等潜在问题突出，持续改革创新的内在动力缺乏。最后，部分民办高校"股权置换"变更举办者现象频发，有的存在无序、恶意变更、买空卖空学校资产等不规范行为，日常教学经费难以保证，生均教育投入标准难以达标，严重影响学校办学质量和健康持续运行。

（五）存在民办高等教育监管的盲区

民办高校集团化办学作为一种新的教育形态，在教育行政部门与学校之间增加了一个管理层级——非营利性或营利性的民办教育集团，它对所属学校发展运行的决策权、教育教学的管理权，特别是对学校资产的经营权和使用权必然会超越教育行政部门；而现有的教育法律法规赋予了各级政府教育行政部门管理学校的职权，但并没有管理非营利性和营利性教育集团的职权，导致出现高等教育监管的盲区，如果处理不好，将会使教育集团旗下的民办高校在办学上无法稳定，在高校与政府的关系、高校内部治理等方面产生很多新的矛盾，影响民办高等教育的健康发展。

二 资本化运作风险表现

民办高校资本化运作模式尤其是上市有利于拓展资金来源，是推进民办高校高质量发展的重要举措；有利于民办高校打造品牌形象、提升教育竞争力、社会影响力和招生就业吸引力；民办高校上市后需遵循信息披露制度，公开股权、内部治理、财务、业务经营等各方面信息，无疑对院校治理水平提出了更高要求，有利于健全内部治理机制和完善内外治理结构。同时，民办高校上市也潜藏政策法规冲突风险、监管司法盲区风险和院校管理运行风险，需要引起高度重视并完善风险防范机制。

（一）政策法规冲突风险

民办高校上市是高等教育市场化、私有化发展的时代产物，尚存在若干法律政策风险。

1. VIE 架构的法律政策风险。VIE 架构同时规避营利限制、返程投资监管及外商投资准入限制；可能违反《关于外国投资者并购境内企业安全审查制度的规定》，对外国投资者不得以多层次再投资、协议控制等方式实质规避并购安全审查的规定。

2. 已上市非营利性民办高校的法律政策风险。已上市的民办高校，需同时满足新《民促法》《公司法》和《证券法》。非营利性民办高校为民办非企业法人、不以营利为目的、办学结余不可分配、权力机构为董事会、设校长，而上市公司为企业法人、以营利为目的、公司营利用于分红、权力机构为股东会、无校长。原则上，非营利性民办高校不匹配上市要求。

3. 已通过 VIE 架构上市非营利性民办高校的法律政策风险。一方面，非营利性民办高校上市后，同时享受国家用地、税收、信贷等优惠政策和办学结余分配。如某民办高教公司上市当年净利润约 2.3 亿元，毛利率约 50%，同时获得政府补助 780 万元。出资者无须要求合理回报、无须成为营利性学校，却能获得院校大部分利润，通过股权分红占有办学结余。VIE 架构造就"营利的非营利性民办高校"，可能涉嫌《合同法》所指"以合法方式掩盖非法目的"。另一方面，通过协议控制与非营利性民办高校进行关联交易，存在定价非公允与资产转移问题。《实施条例》规定民办学校关联交易应当合理定价、规范决策，不得损害国家、学校和师生利益。VIE 架构意味着非营利性民办高校与举办者之间，通过一系列的贷款协议、股权质押协议、独家业务合作协议等，开展多方面的关联交易。是否公允、合理定价，有待商榷。实则是通过 VIE 架构变相掌握院校经费，控制办学结余，不同程度挤占办学成本。但股东权利委托协议等又让这些操作能顺利通过董事会表决，以违规关联交易转移民办高校利润，损害国家及师生利益的风险较大。可能违反《关于规范上市公司与关联方资金往来及上市公司对外担保若干问题的通知》，对上市公司不得以拆借公司资金、提供委托贷款、委托投资活动等方式，将资金直接或间接地提供给控股股东及其他关联方使用的规定。

（二）监管司法盲区风险

资本市场公开透明，仍无法避免存在盲区，隐蔽的、不规范的资本运作可能危及民办高校资产、造成国民财富流失。

1. 民办高校上市成为牟取私利工具的风险。民办高校上市后，个别董事、监事、高层管理者（以下简称董监高）可能利用自身管理权或投票权，进行隐蔽的、违规的资本操作，致使教育公益性逐渐掩于资本逐利性。某民办高校出资人聘请的校长，曾在院校借壳上市后，以兼任重组公司董事长和院校管理者的职务便利，大肆敛财并导致院校负债破产。VIE 架构中的双重委托代理关系更存在双重道德风险，院校实际控制人利用管理权搬空院校资产、WFOE[①] 实际控制人利用投票权转移院校资产的风险较高。

2. VIE 架构利用离岸公司避税的风险。VIE 架构中受内地法律管辖的仅 WFOE 及运营实体（OpCo），（见图 6－1）WFOE 及

---

① WFOE（Wholly Foreign Owned Enterprise）指外商投资企业/外商独资企业，是外资 PE/VC 在进入中国时，首先设立外商投资企业，然后将注册资金结汇为人民币，再进行股权投资。

境外 SPV 根据相关法律、协定享受不同程度的税收优惠。WFOE 享受"两免三减半"税费优惠，香港地区 SPV 享受不超过股息总额 5% 的税率优惠；注册于英属维京群岛（British Virgin Islands，BVI）等的离岸公司仅需缴纳年度管理费而无其他税款。极易出现暗箱操作，产生非法敛财、避税等行为；或通过关联交易转移利润，造成国民财富流失。

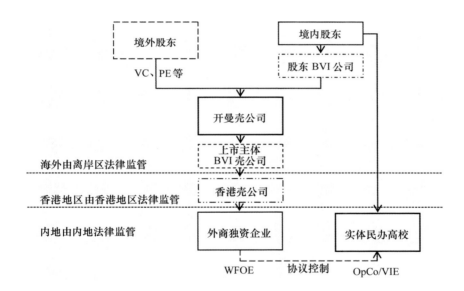

图 6－1　上市民办高校 VIE 架构及其监管结构图

注：1. 所有境外公司（包括香港地区和海外）均为 SPV 公司，享受税收优惠；2. 可以无境外股东及 VC（风险投资 Venture Capital）、PE（私募基金 Private Equity）；3. 股东 BVI 公司是指由各股东个人在 BVI 注册离岸公司，以减少股权改变根据国家规定应进行的登记；4. 以开曼公司为上市主体的原因在 BVI 透明度较低，一般不接受为上市主体；5. 当 VIE 架构成立时，运营实体（OpCo）成为该结构的可变利益实体（VIE）

3. 离岸公司的司法风险。离岸管辖区金融管制较少，离岸金融市场不受市场所在国、货币发行国政府法令管制；离岸公司的股东资料、股权比例、收益状况等享有保密权，不强制披露；隐秘性、独立性较高，隔离债务和风险。离岸公司尤其是 BVI 公司，可能被用于转移资产和逃避债务。再加上系列控制协议涉及不同的法院和仲裁机构，加大司法仲裁难度。

（三）院校管理运行风险

上市并不必然导致民办高校管理运行的问题，但资本市场的跌宕起伏和业绩增长的刚性指标，常使院校处于巨大的风险漩涡。

1. 资本变化引发资金链断裂风险。一方面，利率波动、资本动荡、股市熔断等造成资金贬值、投资损失、市值蒸发，可能使流动资金紧绌枯竭，导致资金链断裂。若境外机构或个人趁机大量买进股票成为控股股东、取得举办权，变相触及教育主权问题。另一方面，资产负债过高无力偿还，存在被强制拍卖风险。一般而言，资产负债率70%左右为佳，既助力发展又保持偿还能力。如某民办高教公司2016—2018年第三季度、2019年中期、2020年度的流动负债净额变动较大，分别为6.8亿元、4.9亿元、2.5亿元、3.3亿元、4.3亿元，实则一直将资产负债率保持在70%左右。一旦流动负债率过高，则可能存在资不抵债的风险。

2. 规模扩张引发办学质量下降风险。当资本成为"指挥棒"，可能造成教学质量下降，影响民办高校整体系统的稳定发展。内生增长、外延扩张是上市民办高校提高业绩的通用手段。在内生增长上，包括上涨学费、扩大招生等方式，常导致生师比过高、生均成本过低，影响教育教学水平、教学科研质量。调查发现，上市民办学校收费不断上涨，为了维持高增长、高回报，实际控制人不同程度地存在刻意减少办学成本情况，不少上市民办学校在教育教学环节上的有效投入占学费的比例普遍不高，多数低于50%，甚至低至30%左右；生师比大多在22∶1以上，甚至高达29∶1，大大超过教育部规定的18∶1合格标准。还存在缩短教育教学周期、压缩课堂学习时间、减少学生在校支出，以控制教学成本的问题；在教师薪酬、师资培训、专业建设等方面的投入更为有限。在外延扩张上，包括兼并收购、委托管理、协议控制、合作办学、筹建新校等方式，规模急速扩张与治理能力未提升的矛盾，可能导致院校管理混乱。尤其是，近两年恰逢独立学院的集中转设期和高职院校的扩招发展期，被民办高教公司视为兼并收购的黄金期。据调查，多个民办高教公司已完成2—4所独立学院、高职院校的兼并收购，或正在进行几所独立学院、高职院校的并购洽谈，转设困难的独立学院也主动寻求上市民办高教公司接盘，"头部效应"将愈加凸显。外延扩张形成的集团化办学，潜藏教育质量缩水、优质资源稀释，独立办学能力受限、同质化发展问题突出，日常教学经费难保证、生均投入标准难达标等办学质量风险。

3. 举办者变更引发院校稳定风险。资本市场危机四伏，民办高校上市后资金链断裂造成破产、拍卖问题，成为售卖标的，造成售卖转手、频繁买卖问题，均导致举办者变更。一方面，影响院校秩序，且失信记录影响长远，失信记录仍将影响院校的筹融资和招生，延缓步入稳定发展和质量提升期；另一方面，影响稳定运行甚至被迫退出，且涉及师生面较广，使师生面临失学失业、转学转业、校址搬迁、无法安心学习科研等局面，甚至影响社会稳定。

第三节 民办高校运行模式风险防范对策

面对愈加复杂的民办高校办学形态和愈加棘手的民办高校集团化办学风险，亟待直面问题、加强研判，完善政策、强化监管，回应诉求、引导发展，采取有效措施、规范引导民办高校集团化办学行为。同时，规范引导民办高校上市行为，建立健全全方位的监管体系。

一 全面认识利弊风险

在全面了解和把握民办高校集团化办学发展态势的基础上进行顶层设计，发挥宏观管理、分类指导和统筹协调作用，是实现政府有效治理的重要前提。一是高度重视民办高校集团化办学现象。集团化办学已成客观事实，民办教育行业特点、改革发展政策趋向、体制机制优势等多方因素促使其产生并扩大，地位作用不容否定，风险问题不容忽视，必须将民办高校集团化办学问题纳入教育治理议程，因势利导，规范管理。二是尽快组织各方力量作出专业研判。调集教育行政部门干部和高校专家学者，联合开展调查研究，及时准确掌握行业动态，全面分析高等学校集团化办学的发展态势和利弊风险，提供政策咨询建议，避免信息不对称造成治理失灵或失误的现象发生。

二　健全风险治理机制

将民办高校集团化办学纳入民办教育相关法规政策框架，实现依法规范治理，是促进民办高校集团化办学健康发展的制度性保障。一是健全民办高等教育管理体制。从法律法规及政策角度研究民办高等教育的外部治理结构和民办高教集团的规范管理问题，消除教育行政部门监管的盲区。二是研究制定规范民办高校集团化办学的指导意见。明确民办高教集团的设置标准，明晰上市集团协议控制模式的政策导向，依法落实民办高校法人财产权，细化举办者变更核准程序性条例，严格限制集团在民办高校完成分类登记前通过兼并收购、协议控制等方式控制非营利性民办高校，严厉打击非法集资、偷逃税款、倒卖校资校产、抽逃办学资金等违法违规行为。三是建立民办高校集团化办学的风险防控和预警机制。对于集团化办学过程中有可能出现的风险问题，做好专项跟踪，提出防范预案，切实维护师生合法权益，维护学校和社会安全稳定。加强民办高教集团及旗下高校资产财务风险防控，加快建设民办高教集团资产财务监管平台，实现动态监督和预警管理。四是在集团公司尤其是上市集团与旗下民办高校之间构建"防火墙"。优化集团旗下民办高校的治理结构和董事选派，完善相应决策和监督机制，引导集团公司与旗下高校各司其职、各安其位，抑制和减少逐利性资本对教育公益性的冲击。

三　尊重各方权益诉求

建立有效的多元主体沟通渠道，合理回应各方权益诉求，实现内涵式发展是促进民办高校集团化办学健康发展的最终目的。一是建立多元治理主体体系，畅通沟通机制。一方面，教育部门联合证监会、银行、市场监管等有关部门建立集团旗下高校重点领域治理机制，畅通与民办高教集团及旗下高校的对话、交流和协商沟通渠道，处理好发展和规范的关系，及时回应各方主体的权益诉求。另一方面，民办高教集团及旗下高校应建立重大事项报告制度，主动向主管部门通报相关工作和潜在风险，同时履行办学信息披露义务。二是引导集团化办学由规模扩张向内涵式发展转变。尽快落实相关支持激励政策，引导加强集团学校党的建设，完善教育教学质量标准和保障体系，实现以质量为中心的权责关系治理，重视专业化教师队伍建设，把好民办高等教育改革发展的"方向盘"，引导民办高教集团及所属高校树立正确的转型发展理念，利用市场但不被市场所左右，处理好教育公益性和集团营利性的关系，鼓励支持集团坚持"质量为王"，把精力真正放到提高教育教学质量上来。

四 规范引导上市行为

一是督导落实营利性和非营利性民办学校分类管理改革，支持民办高校规范融资。探索营利性民办高校集团通过合法合规手段实现境内证券化融资。通过协议控制、兼并收购等方式控制非营利性民办高校上市的，依法监控，及时进行举办者变更登记，保护学校法人财产权和师生合法权益。同时开展集团化办学的，必须具备相应的资金实力和管理能力，依法承担举办者的管理和监督责任，履行办学义务。二是强化扶持非营利性民办高校，优化融资服务和平台。改善政策环境、充分发挥政策的杠杆作用，落实政府购买服务、财政贴息贷款、专项基金扶持、以奖代补等政策。改进融资服务、完善金融中介服务体系，鼓励金融机构开发适合非营利性民办高校的金融产品。三是加强规范非营利性民办高校关联交易。根据《民办教育促进法实施条例》《会计准则第 36 号——关联方披露》，依法披露并加大信息披露程度，加强监管控制协议，增加审查频率。研究制定民办教育领域 VIE 架构监管政策，开展非营利性民办高校拆除 VIE 架构、资本回归和退市的试点工作。

五 强化多元主体监管

一是统筹协调多方主体，健全全方位的监管体系。构建跨部门监管体系，统筹财政、税务、民政、人社、市场监管、内地及香港证监会有序互动，共促中国及 BVI（英属维京群岛）高等法院协同监管，实现事前事中事后全链条监管。二是重点关注资本运作，丰富多层次的监管手段。对已上市民办高校控股公司提高信息披露透明度，对披露不及时、不准确、不全面的给予惩戒。建立常态监管机制，加强民办教育领域诚信体系建设，密切监控重大交易行为，紧盯兼并收购、举办者变更、关联交易等关键环节，专线跟踪外商持股比例，重点打击恶意牟利行为。三是重视提高行业自律，建立立体化的自律机制。鼓励成立已上市民办高校自律协会，下沉监督力量，促进民办高校规范融资。健全民办高校内部治理体系，落实法人财产权、完善决策监督机制，切实发挥党组织的政治核心作用，把好民办高校发展"方向盘"。

第七章　民办高校安全稳定风险评估及防范对策

　　安全稳定工作至关重要，是民办高校分类管理改革的底线要求。校园安全稳定是民办高校专心发展、教师用心工作、学生安心学习的基本前提和保障，也是整个社会治理工作的重要组成部分，既关系到民办高校自身的"小安全"环境营造，又关系到社会"大安全"格局构建。在分类管理改革落地的关键期，面对民办高校校园安全管理风险多发易发态势和思想意识形态面临的多方面挑战，需要坚持源头治理和问题导向，强化准入管理和过程管理，全方位、全过程、全天候开展重点领域、重点场所、重点人群的风险监测评估工作，精准识别、及时消除安全稳定风险堵点，健全风险预警防范和应急处突机制，把思想政治工作贯穿办学全过程，构建意识形态齐抓共管体系，凝聚民办高校的高质量发展合力。

第一节 民办高校安全稳定的政策导向

本书中的民办高校校园安全稳定主要包括安全管理和意识形态两个方面。校园安全管理内容涉及民办高校师生的人身安全、教学场所安全、消防设施安全、后勤食品安全、医疗卫生安全等方方面面，影响因素包括就业压力、学业挑战、感情危机、人际关系、师德师风、心理健康、家庭和谐、管理矛盾等多个维度。意识形态是综合反映社会经济形态和政治制度的思想体系，核心要素是民办高校师生观念、观点、思想、概念和价值观等，关乎"举什么旗、走什么路"的重大政治方向和国家安全问题。2020年，我国民办高校共 771 所，在校生 791.34 万人，专任教师 36.89 万人，分别占全国普通高校总数的 28.16%，在校生总数的 24.09%，专任教师总数的 20.13%，即在读大学生中每 4 个人就有 1 个人在民办高校就读，专任教师中每 5 个人就有 1 个人在民办高校工作。为有效推进分类管理改革，中央和各地明确民办高校的设置标准和准入条件，设立负面清单和制定罚则办法，加强思想政治教育和德育工作，有效防范民办高校校园安全稳定事件的发生。

一 明确学校设置条件和准入资格

明确准入资格和条件要求本身就是防范风险的有效措施。一般而言，提高准入条件可以降低风险发生的概率，反之可能引发更多风险。民办高校的准入资格条件主要涉及学校本身的设立条件和举办者、管理者的资格两个方面。

（一）民办高校需要满足设置标准

《民办教育促进法》及其《实施条例》的第二章明确了民办学校的设立条件，如设立营利性民办高等学校，需要将其纳入地方高等学校设置规划，按照学校设置标准、办学条件和学科专业数量等严格核定办学规模。同时，学校设立不仅要符合当地教育发展的需求，具备教育法和其他有关法律、法规规定的条件，而且设置标准要参照同级同类公办学校的设置标准执行。具体而言，申请设立民办高校要参照《普通高校学校设置暂行规定》的设置标准，主要体现在办学规模、学科专业、师资队伍、教学科研水平、基础设施、办学经费和治理结构等方面。具体要求包括：在规模总量上，要求在校生 5000 人以上，专任教师 280 人以上，兼任教师不超过专任教师的 1/4，校园占地面积 500 亩以上，校舍建筑面积不低于 15 万平方米等；在生均指标方面，要求生师比不高于 18：1，生均占地面积 60 平方米以上，生均校舍建筑面积 30 平方米以上，生均教学科研行政用房面积根据学科专业类别不同在 15—30 平方米以上，生均教学科研仪器设备值根据学科专业类别不同在 3000—5000 元以上，生均图书根据学科专业类别不同在 80—100 册以上；在专任教师职称和学位结构方面，要求高级职称和研究生学历占比均不低于 30%。从上述条件看，如果民办高校能完全达到设置标准要求，需要较强的经济实力、管理能力、办学条件、队伍力量等综合实力，如果是设立营利性民办高校，需要在纳入地方高校设置规划的基础上，严格核对学校设置标准、办学条件和学科专业数量等办学规模，这将大大降低学校安全稳定风险发生的可能性。

（二）民办高校举办者和管理者需要满足条件

首先，如果是社会组织举办民办高校应当具有法人资格和良好的信用状况去，其中，在中国境内设立的外商投资企业以及外方为实际控制人的社会组织举办民办高校的，应当符合国家有关外商投资的规定；如果是公办学校举办或者参与举办的民办高校要满足"六独立"条件，即具有独立法人资格、独立校园设施、独立教师队伍、独立会计核算、独立招生、独立颁发学业证书；如果是个人举办民办高校，应当具有政治权利、完全民事行为能力和良好的信用状况，《实施条例》进一步明确了决策机构负责人的资格要求，即学校理事会、董事会或者其他形式决策机构的负责人应当具有中华人民共和国国籍，具有政治权利和完全民事行为能力，在中国境内定居，品行良好，无故意犯罪记录或者教育领域不良从业记录。其次，民办高校举办者有选择登记为营利性或非营利性学校的权利，但是登记为非营利性民办高校后，举办者就不能取得办学收益，学校的办学结余要全部用于办学，如果选择登记为营利性民办高校，举办者仍可以取得办学收益，但是遵守相应的法律法规要求。

二　设立负面清单和制定罚则办法

从事后风险防范环节看，设立负面清单，明确法律法规和政策红线，制定惩罚性办法，对违法违规行为追究法律责任，也是降低风险发生可能性的重要办法。

（一）设立负面清单

在经费管理方面，《实施条例》明确要求举办者按时、足额履行出资义务，并规定民办学校存续期间，举办者不得抽逃出资，不得挪用办学经费，不得擅自改变自募资金的用途、不得变相收取与入学关联的费用，举办者变更是也不得涉及学校的法人财产，不得影响学校发展，不得损害师生权益；关联交易不得损害国家利益、学校利益和师生权益等。在学校运行方面，《实施条例》规定，公办学校举办或者参与举办非营利性民办学校，不得以管理费等方式取得或者变相取得办学收益，这也为推动独立学院转设提供了法规保障，法规生效后公办高校参与举办的独立学院，不能再收取管理费。在治理结构方面，《实施条例》要求，同时举办或者实际控制多所民办学校的，不得改变所举办或者实际控制的非营利性民办学校的性质，直接或者间接取得办学收益；也不得滥用市场支配地位，排除、限制竞争；同时，决策机构组成人员及其近亲属不得兼任、担任监督机构组成人员或者监事。

（二）制定罚则办法

《民办教育促进法》第六十一条至第六十四条专门明确了民

办高校及相关主体违法违规的法律责任，涉及民办学校的教育活动和具体办学行为，主要的惩罚方式有责令改正、警告、罚款、没收违法所得、责令停止招生、吊销办学许可证、治理管理处罚、追究刑事责任等。同时，《民办教育促进法》还明确了有关管理部门如有违法违规的法律责任，如责令改正、给予处分、承担赔偿和追究刑事责任等。《实施条例》进一步细化了民办学校举办者及实际控制人、决策机构或者监督机构组成人员的法律责任，对八类违法违规情形明确了处罚方式，具体涉及：利用办学非法集资，或者收取与入学关联的费用的；未按时、足额履行出资义务，或者抽逃出资、挪用办学经费的；侵占学校法人财产或者非法从学校获取利益的；与实施义务教育的民办学校进行关联交易，或者与其他民办学校进行关联交易损害国家利益、学校利益和师生权益的；伪造、变造、买卖、出租、出借办学许可证的；干扰学校办学秩序或者非法干预学校决策、管理的；擅自变更学校名称、层次、类型和举办者的；有其他危害学校稳定和安全、侵犯学校法人权利或者损害教职工、受教育者权益的行为的。同时，如果民办学校存在偏离社会主义办学方向、违法违规开展教育教学活动、决策机构未依法履行职责的、校舍设施设备存在重大安全隐患并未及时采取措施等行为的，同样需要承担法律责任。

三　加强思想政治教育和德育工作

加强思想政治教育工作是民办高校的首要政治责任，也是防范民办高校安全稳定风险的有效举措。党的十八大以来，以习近平同志为核心的党中央高度重视高校思想政治工作，采取一系列重大举措，推动思想政治工作取得显著成效。

（一）全面加强思想政治教育

首先，提高民办学校思想政治教育工作站位。《民办教育健康发展若干意见》要求民办学校把思想政治教育工作纳入学校事业发展规划，把思想政治工作队伍建设纳入学校人才队伍培养规划，有利于树立"一盘棋"意识，将思想政治工作贯穿、融入民办高校的制度体系、人才培养方案和日常工作的各个环节。其次，理直气壮开好思想政治教育课程。强调加强民办高校思想政治理论课和思想品德课课程、教材、教师队伍建设，不断增强思想政治教育的思想性、理论性和亲和力、针对性。打通思想政治教育工作盲区、断点，把各项工作的重点和目标落在育人效果上，使思想政治教育工作更好地适应和满足学生成长诉求、时代发展要求、社会进步需求，不断提升工作科学化水平。再次，加强思想政治工作者队伍建设。推动民办学校设立思想政治教育和德育工作机构，切实增强辅导员、班主任、思想政治课教师等力量，并要求思想政治课教师的平均收入，应不低于学校其他专业教师平均水平，打通民办高校辅导员职业发展和专业晋升通道，调动管理队伍、专任教师队伍、思想政治教育队伍、学生工作队伍的工作积极性。

（二）落实立德树人根本任务

党的十八大以来，习近平总书记对"立德树人"作出了重要论述、具体要求，立德树人成为高校的立身之本。2018 年，习近平总书记在北京大学师生座谈会上强调，要把立德树人的成效作为检验学校一切工作的根本标准，真正做到以文化人、以德育人，不断提高学生思想水平、政治觉悟、道德品质、文化素养，做到明大德、守公德、严私德。把立德树人内化到大学建设和管理各领域、各方面、各环节，做到以树人为核心，以立德为根本。强调立德树人是"树有德之人"与"立育人之德"的有机统一，思考"立什么德"时，首先要考虑"树什么人"，即培养担当民族复兴大任的时代新人，培养有理想信念、爱国主义情怀、品德修养、知识见识、奋斗精神、综合素质的德智体美劳全面发展的人，培养一代又一代拥护中国共产党领导和我国社会主义制度、立志为中国特色社会主义奋斗终生的有用人才；"立什么德"强调构建共产主义理想信念，牢固确立社会主义核心价值观，厚植中华传统美德，弘扬民族精神和时代精神，树立人类命运共同体的全球观念和生态意识。

第二节　民办高校安全稳定风险问题

面向"教育现代化"，我国高等教育高质量发展正处在一个新的历史节点，民办高校分类管理改革正在进入全面调整利益关系的关键阶段，很多问题解决和关系处理需要"爬坡过坎"，尤其是要突出校园安全稳定的重要地位，这是由我国高等教育改革发展所处的历史方位、分类管理改革所面临的形势任务决定的。同时，民办高校校园安全稳定风险涉及面广、牵涉群体多、影响因素复杂，主要表现为校园安全管理风险和意识形态工作风险。

一　校园安全管理风险表现

民办高校在运行管理过程中出现的不稳定事件或安全管理事故是校园安全管理风险的重要表现形式，诸如师生人身安全、心理健康安全、学校转型发展引发舆情风险、疫情防控风险等。

（一）师生人身安全管理风险

人身安全是最基本最重要的安全问题。社会环境日趋复杂多变，使校园安全管理面临更多挑战。具体表现有：一是举办者群体可能引发的风险。比如，民办高校举办者或实际控制人、管理者等违法违规行为引发的学校发展不稳定风险，学校举办者频繁变更、拍卖引发的风险，围绕学校控制权、管理权争夺、接班接任等影响正常教育教学工作的风险等。二是民办高校师生群体可能引发的风险。比如，个别教师不珍惜、不爱惜教书育人的职业和光荣，立德树人意识淡薄，言行不够规范，个别失德失范行为影响民办高校声誉和教师职业形象，有的危及教育秩序和社会稳定；近年来，大学生因压力无法缓解而造成的心理危机，从而引发风险事件的情况屡见不鲜，因此，关注民办高校学生的心理健康状况具有现实紧迫性，需要科学识别风险点，及时预警防范风险问题。三是工作管理因素导致的风险。有的民办高校安全管理责任意识不强、安全管理制度不完善、安全隐患排查不够、安全宣传教育工作落实不到位，这些制度层面的因素极易引发潜在安全风险。比如，高校教学实验室、实习实训场所覆盖学科范围广，参与学生人数多，实验教学任务量大，仪器设备和材料种类多，潜在安全隐患与风险复杂。调研中还发现，有的民办高校租赁老旧校舍宿舍，无法提供消防设施审核报告；有的民办高校后勤库房管理规范有待提高，师生食品原材料出入库记录不够完备，食品留样时间不够；在一些民办高校，网络快餐、外卖进校园导致新型食品安全隐患，有的甚至引发交通安全事故。四是手段技术落后带来的风险。比如，随着信息网络技术的发达，安全管理形势更为复杂，一些民办高校出现许多诸如校园网络贷、美丽贷、情感诈骗等新型违法违规行为，滋生了许多不确定不安全因素。

（二）学校转型发展引发的风险

民办高校转型发展影响整个广大师生的切身利益，如果政策宣传不到位、工作引导不及时、合理诉求不回应，极易引发校园集体舆情事件。比如，在部分独立学院转设为非营利性民办本科高校或与高职院校合并转设为本科层次的职业技术大学时，这两种转设路径可能会引发社会风险。2019年、2020年和2021年，江苏和浙江发生多起由独立学院转设为民办本科高校或职业技术大学引发的群体性事件，引起社会广泛关注，特别是2021年6

月合并转设事件波及全国多个省份。主要原因有：一是学校发展不确定性增加。部分独立学院转设后，失去了母体高校的品牌效应、管理服务、师资队伍等资源，经费来源相对单一，短期内面临较大发展压力，未来发展的不确定性增加；同时，随着高等教育进入普及化阶段，生源竞争将更加激烈，独立学院转设后以提高质量和优化结构为核心的内涵式发展任务将更加艰巨和繁重。二是广大师生群体对相关政策有误解、有抵触。一方面，部分独立学院转设为独立设置的民办高校或职业技术大学，失去了母体高校的"金字招牌"，学生和家长担心会影响学生未来升学、就业和晋升等，对自己未来发展不利，从而集中引发不合理的集体上访舆情。另一方面，部分独立学院转设后带来的校区搬迁，对中青年教师队伍的稳定性、工作生活带来不便，容易遭到教职工不配合甚至反对。三是母体高校转设意愿不强甚至抵制转设。有调查显示，2019 年全国有 200 多所母体高校从独立学院收取的学费中获取了相当可观的收益，独立学院转设意味着要把这个经费收入渠道强行切割，母体高校要承受巨大的经济损失，推动独立学院转设的动力不足、积极性不高。

（三）疫情防控引发的潜在风险

2019 年以来，突如其来的新冠肺炎疫情对全球社会各个方面产生了巨大影响，疫情防控也成为民办高校安全稳定的重要作用。一方面，一些正在转型期的民办高校在做好疫情防控工作时，潜在风险问题相伴而生。如有些学校反映在按要求退还学生学费、按时支付教职工工资福利、购买防疫物资设备的同时，学校办学经费压力骤增，有集团化办学背景的民办高校尚能保障现金流，但单体办学的民办高校面临经费压力。二是常态化疫情防控工作给学校公共卫生安全管理制度带来挑战，有些民办高校没有建立"人""物""环境"同防、多病共防的工作体系，落实属地疫情防控政策要求不到位，疫情防控方案和应急预案不完善，对师生健康状况和行程轨迹掌握不及时，运用信息化手段不充分，疫情防控的麻痹思想、侥幸心理、松劲心态客观存在。上述常态化疫情防控工作中存在的问题一旦爆发，就可能引发产生一系列的校园安全稳定风险。

二　意识形态工作面临挑战

高校是意识形态工作的前沿阵地，是当前意识形态斗争的重要战场。民办高校是我国高等教育事业的重要组成部分，涉及群体庞大且异常复杂。重视高校意识形态工作是党的优良传统。当前，我国民办高校意识形态领域，与新时代党和国家各项事业发展一样、与公办高校高质量改革发展一样同步向好。但是，我们也清醒地认识到，民办高校因体制机制、发展阶段、队伍力量等因素的限制，意识形态工作面临新形势新挑战，急待加强。

（一）多种思想文化相互渗透影响

一是在中国特色社会主义进入新时代的关键时期，一些西方国家仍把我国发展壮大视为对其价值观和制度模式的挑战，加大了对国内意识形态的渗透，高校成为国内外社会思潮的聚集和交汇地，思想文化呈现出多元、多变的发展新趋势，民办高校也不例外，一些西方理论体系和文化理念正在趁机植入，多种思想文化交流交融交锋异常频繁。二是民办高校对外学术交流日益频繁，个别群体存在盲目崇拜西方学术成果的危险现象。一些学科领域和学者不是以中国的实际问题为中心，而是盲目迷信西方理论的概念、原理和研究方法，热衷于用西方思想理论、话语体系、思维方式和价值标准来裁剪中国现实，淡化中国特色社会主义在学科构建和学术研究中的指导地位。

（二）师生群体意识形态观念相对淡薄

民办高校教师和学生超过 800 多万人，体量规模庞大且复杂，但意识形态领域的观念相对淡薄。一是中青年是民办高校教师的主力军，40 岁以下教师所占比例较大。很多教师"从校门到校门"，缺少社会历练，长时间在校内学习，意识形态观念相对淡薄，对西方意识形态渗透辨别不清、缺乏警惕。二是部分民办高校在招聘专任教师时过多看重国外学历文凭，政治把关不严，有些教师讲授纪律意识薄弱，在课堂上、在论著中把西方理论看作无所不能、包治百病的"灵丹妙药"，而对我国的理论创新和优秀文化缺乏认同与自信，对青年学生有误导、有负面影响。三是近 800 万民办高校在校大学生思想活跃，独立意识比较强，他们正处于世界观、人生观、价值观形成和确定的关键期，但个别学生对党的历史和国情民意了解不深，面对经济社会热点问题相互叠加、社会矛盾错综复杂等新情况，极易受到错误理论和思潮的影响。

（三）应对网络新媒体工作策略方法不够

随着网络和信息技术的迅猛发展，媒体格局发生了深刻的变革。新兴媒体如微信、微博、论坛等社交媒体，已经成为思想、信息和社会舆论的主要集散地，是民办高校师生获取信息的主要渠道。当前，多数民办高校在新媒体中的意识形态工作尚显薄弱，主要表现为思想理念保守，对新媒体的重要性认识不够、主动运用不够；宣传队伍对新媒体平台的适应性和运营能力不强。新媒体环境下，"人人都是通讯社""个个都是麦克风"，如何创新理念和方法，掌握网络空间的主导权、话语权，是新形势下做好民办高校意识形态工作的重中之重。

（四）意识形态工作责任制落实不到位

调研发现，一些民办高校"落实意识形态工作责任制不到位"的问题不能忽视，存在"认识上不够重视、举措不够有力、队伍不够强大、效果不够明显"等问题。一是有些民办高校对意识形态工作的根本性、全局性战略意义认识不足，思想上存在误区，"不想抓、不敢抓、不会抓"的现象时有出现。二是有的民办高校对课堂、教材、讲座、论坛、社团等阵地管理不严，网络宣传思想工作主动发声不够，意识形态领域噪音杂音时有出现。三是多数民办高校专业队伍力量不足，综合能力不强，意识形态工作往往成了看不见摸不着的"软任务"，多方参与的工作机制没有完全建立。四是意识形态工作游离于高校教学科研等工作之外，离"因事而化、因时而进、因势而新"的要求有差距，师生往往"听而不闻，无动于衷"。这些问题给民办高校意识形态工作以及高等教育领域的思想文化建设工作带来较大的消极影响。

第三节　民办高校安全稳定风险防范对策

面对民办高校校园安全稳定的严峻形势和潜在风险，迫切需要建立健全安全管理制度和应急处突机制，全方位、全过程、全天候开展校园安全管理重点领域、重点场所、重点人群的风险监测评估工作，全面落实安全管理的主体责任；科学评估民办高校转型发展风险，精准识别关键风险点，加强转型发展方案解读和舆论引导；构建思政工作一体化推进格局，着力建设教师队伍"主力军"，拓展思想政治工作实施途径；牢牢掌握意识形态工作领导权，构建意识形态齐抓共管新格局，推进工作重心下移、资源下沉。

一　全面落实民办高校安全管理责任

（一）健全安全管理制度和应急处突机制

一是加强组织领导，组建专门工作机构。加强对校园安全管理的统一领导和统筹推进，成立由民办高校法定代表人、党委书记担任组长的安全管理工作领导小组，实施校园安全工作"一把手"工程，统筹领导组织全校安全稳定工作，建立校园安全管理工作目标责任制，全面覆盖校园安全管理重点领域，按照要求配齐校园安全管理人员。二是创新校园安全管理方式方法。坚持源头治理和问题导向，强化校园安全准入管理和过程管理。组建校园安全管理专家指导委员会，系统研究校园安全管理的科学内涵、特征机理、影响因素、国外经验、防范举措等，为校园安全管理提供专家支撑和专业保障。探索在办学结余中提取一定比例的专项经费，建立校园安全风险防控基金，或建立联合保险制度，按照有关规定购买校方责任、师生人身安全、校车承运人责任等保险，降低因安全管理事故发生带来的学校运行风险。三是建立民办高校突发性群体事件应急机制，加强校园及周边环境安全综合治理，建立健全校园人身安全、场所安全、设施安全、饮食安全、卫生安全、交通安全、舆论舆情等各项安全工作的应急处置预案和应急处突机制，形成责任分工明确、工作部门联动、应急反应及时的工作体系。

（二）着力解决校园安全管理风险问题

一是抓好民办高校安全管理重点领域工作，加强安全管理教育。加强校园日常安全管理工作，着力解决领导关心、社会关切、师生关注的校园安全管理难点问题，确保不发生重特大校园安全事件。加强校园安全管理培训教育，联合相关部门开展师生安全教育培训互动，有条件的民办高校可以建立安全教育实训中心，组织相关讲座和培训，将安全教育纳入日常教育教学活动中，增强师生安全防范知识和意识，提升应急救护能力。二是抓好民办高校重点场所安全管理，及时消除风险堵点。尤其是全面落实对教学楼、实验室、实训实习场地、宿舍餐厅、网络媒体和学校家属区等重点场所的安全管理责任，建立校园安全定期检查制度、安全风险评估制度、风险源全周期管理制度、安全应急处理制度等。三是抓好民办高校重点人群的安全风险监测评估工作，培育积极心理品质。全方位、全过程、全天候掌握大学生家庭经济文化背景、学习实训压力、人际关系交往、心理健康状况、毕业就业情况等综合信息，提供规范专业、高效便捷的咨询服务。同时，全面加强大学生心理健康教育工作，对重点群体要及时及早开展压力疏导和心理干预。加强师德师风制度建设，推动师德师风建设常态化、长效化；完善新时期高校教师行为规范，明确师德师风考核评价的内容、标准、主体、方式，引导民办高校教师以德立身、以德立学、以德施教；加强日常教育监督，设立网络监督平台和曝光平台，构建民办高校、教师、学生、家长和媒体等多主体参与的师德师风监督体系。

二　健全学校转型发展风险防控机制

民办高职高专院校转型为本科层次的职业技术大学、独立学院转设独立设置的民办高校都会涉及转型转设的风险评估和防控问题。以独立学院转设为例，一是需要将风险防控工作纳入学校发展规划。独立学院转设是涉及多方办学主体利益调整的体制性改革举措，要以转设发展为契机，回归大学组织特性和本质属性，调整优化内部治理体系，协调好党委、理事会（董事会）和行政班子（校长）之间的关系，坚持依法办学、依法治教，优化教育治理体系，提升教育治理能力。要充分发挥党委的领导核心作用，坚守教育公益属性，坚持正确办学方向，建立健全党委领导下的转设风险防控机制，母体高校可成立由学校党委书记担任组长的独立学院转设工作领导小组，保障转设平稳过渡和可持续发展。二是精准识别关键风险点，科学评估转设的风险。独立学院转设后会面临一系列新的问题和挑战，必须科学进行风险研判，及时关注广大师生的思想动态，广泛听取相关部门、利益相关方、专家和公众等意见，有针对性地做好预案。三是精准破解关键风险问题。严格落实学校法人财产权，将出资用于办学的土地、校舍和其他资产足额过户到学校名下，规避办学风险；加强招生行为规范管理，建立违规招生惩处机制，合理确定学费标准，应对可能出现的生源危机；健全重大事项民主决策程序，调动广大教师和二级院系的积极性和创造性，尊重各利益相关方的权益诉求，探索多元参与下的协同治理；强化安全管理责任，及时排除校园安全隐患，完善常态管理与突发事件应急管理机制。四是加强学校文化建设和舆论引导，通过广泛征求师生和家长意见，尊重其合理诉求和意愿，做好转设方案解释说明工作，保障其知情权、参与权、表达权和监督权。做好利好政策宣传引导，更多宣传典型案例和成功经验，实行一校一策，为独立学院转设后的健康可持续发展营造良好氛围。

三　把思想政治工作贯穿办学全过程

（一）构建思政工作一体化推进格局

一是树立"一盘棋"意识，完善顶层设计。地方党委教育工作部门、高校各级党组织要坚持以习近平新时代中国特色社会主义思想为指导，全面贯彻党的教育方针，坚定社会主义办学方向，立足基本国情，遵循教育规律，加强对民办高校思想政治工作的领导，纳入学校核心议题研究部署，全面统筹育人资源和育人力量。完善顶层设计，从思想政治工作的政策制度、理念标准、举措路径、方式方法到落实效果评价，进行系统研究和顶层设计；建立健全思想政治工作的责任分工机制、奖惩激励机制、督导督查机制、工作保障机制，形成一体化推进的工作格局。优化资源配置，健全部门、院系间的常态协作机制。民办高校的人员、经费、物质资源要围绕立德树人整体工作进行动态配置，设立专项工作经费，为各部门、各院系的思想政治工作提供完善的平台、教学和空间保障，同时注重提高资源和经费使用效益。将思想政治工作的责任推及所有干部和师生员工，同步强化干部责任和师生员工责任，同步强化思政课教师责任和专业课教师责任，同步强化学生工作战线责任和科研、社会服务、后勤保卫等各战线责任，努力开创民办高校高质量发展新局面。

（二）着力建设教师队伍"主力军"

一是将思想政治工作融入民办高校教师资格准入、职前培训和职后管理的全过程。建立健全专业课教师队伍、教辅人员队伍、思政队伍、管理队伍、服务队伍、离退休队伍等不同队伍之间的沟通协商机制，让各方面工作与立德树人和思想政治工作同向同行，形成协同效应。二是加强辅导员队伍、思想政治理论课教师队伍、党务工作队伍建设，全面提升思想政治工作素质，尤其要重视辅导员活跃在高校学生工作中第一线的作用，全面提高民办高校辅导员队伍建设质量。引导知名教授、学科带头人和青年教师参与思想政治工作，全方位推进教书育人、管理育人、服务育人，造就一批坚定的马克思主义者，形成一支专职为主、专兼结合、数量充足、素质优良的工作队伍，在学生思想引领、行为规范、学业发展等主体责任工作上形成合作互补的工作局面。三是参照公办高校教学、科研系列岗位教师有关政策、待遇、条件激励和保障办法，重视和加强民办高校思政教育、管理服务等系列干部职工队伍建设，切实增强民办高校广大干部职工担负好立德树人根本任务、强化思想政治工作的责任感、使命感和荣誉感。

（三）拓展思想政治工作实施途径

一是发挥课堂教学主渠道作用，把课程改革作为加强思想政治工作的突破口，创新学校德育课程教学方式，全面深化课程改革，严格课程标准落实，加强年级、学科、教学环节、育人力量和阵地等多方面统筹。二是将思政课作为关键课程，建立完善的思政课和德育课程体系，理直气壮开好思政课，不断增强思政课的思想性、理论性和亲和力、针对性；打通思政工作盲区、断点，把各项工作的重点和目标落在育人效果上，使立德树人工作更好地适应和满足学生成长诉求、时代发展要求、社会进步需求，不断提升工作科学化水平。三是建设更为丰富的专业课程体系，挖掘专业课程德育资源，拓展学生学术水平和能力，加强专业道德教育和学术伦理教育，发挥所有课程育人功能，构建全面覆盖、类型丰富、层次递进、相互支撑的课程体系，使各类课程与思政课同向同行，形成协同效应。四是立足营造思想政治工作的文化内核，不断挖掘具有深厚德育价值内涵的文化要素。将思想政治工作融入学校文化，树立以学生为中心的理念，通过加强校风、教风、学风等一系列实践，打造全方位一体的育人大环境，打造学校、院系、专业、宿舍四级联动的工作体系，将思想政治工作落细、落小、落实。

四　构建意识形态工作齐抓共管体系

（一）牢牢掌握高校意识形态工作领导权

一是健全责任追究机制，推进意识形态工作重心下移。不断强化民办高校党委的责任意识、担当意识，要求党委要旗帜鲜明地站在意识形态工作第一线，将落实意识形态工作情况作为评价、使用和奖惩各级领导班子和党员干部的重要依据。完善民办高校"党委统一领导、党政齐抓共管、宣传部门牵头主抓、有关处室各负其责、二级学院坚决落实"的领导体制，把这"五根指头"握成"一个拳头"，层层夯实民办高校意识形态工作责任，形成工作合力，真正使意识形态工作像空气一样无所不在、无时不有。二是健全民办高校意识形态工作机制。探索基层党组织在二级学院（系）发挥更大战斗堡垒作用，重点加强对二级单位意识形态工作的考核管理和督查指导。三是完善制度体系，明确学校、学院、系所三级班子成员在意识形态工作方面的工作职责、工作流程，建立民办高校意识形态工作问题清单和整改台账制度，把分管工作与意识形态工作责任落实有机结合。

（二）加强民办高校阵地建设管理

一是强化民办高校校园文化和精神文明建设，扎根中国大地，着力构建起经得住推敲、让广大师生信服的新时代民办高等教育制度和理论体系。健全民办高校课程教材管理和课堂教学管理办法，全面推动习近平新时代中国特色社会主义思想体系"进教材、进课堂、进头脑"工作。按照《高校教材建设与规划》《高校教材管理办法》的要求，贯彻党和国家关于教材工作的重大方针政策，审查意识形态属性较强的国家规划教材；以推进高校思想政治工作质量提升工程为抓手，探索实施民办高校"马克思主义学院建设质量提升计划"和"思政理论课教学质量提升计划"。二是持续加强民办高校阵地建设和管理。推进线上与线下教育协同落实，既要主动占领网络阵地，创新意识形态工作方法途径，引导青年，赢得青年，又要提高传统教育教学形式、日常育人工作的有效性，充分融入各类网络新媒体，主动建设、掌控好网络阵地，促使线上资源和线下教育双线协同发力。三是加强教师群体思想政治教育工作。对于民办高校教师群体，尤其是有留学经历的广大中青年教师群体，严把聘用考核的"政治关"，但要注意区分政治原则问题、思想认识问题、学术观点问题，在大是大非问题方面态度鲜明、立场坚定。以"四有好老师"标准为抓手，通过针对性的考察实践、社会调研、挂职锻炼、交流任职等，让广大民办高校中青年教师有机会走出校门，全面融入实现中国梦的生动实践中，持续引导广大教师率先垂范、以身作则，帮助学生系好人生的扣子，在重大问题上给青年人以正确的指引。

参考文献

中文著作

董圣足等:《民办学校分类管理推进策略研究》,华东师范大学出版社 2020 年版。

景安磊:《民办高校教师权益实现研究》,社会科学文献出版社 2019 年版。

李虔:《民办高校分类管理政策的可接收性研究》,广东高等教育出版社 2018 年版。

周海涛等:《民办教育分类管理政策实施跟踪与评估》,经济科学出版社 2019 年版。

周海涛等:《民办学校分类管理政策研究》,经济科学出版社 2016 年版。

周海涛等:《中国教育改革 40 年:民办教育》,科学出版社 2018 年版。

周海涛等：《中国教育改革开放 40 年：民办教育卷》，北京师范大学出版社 2019 年版。

中文论文

别敦荣、石猛：《民办高校实施分类管理政策面临的困境及其完善策略》，《高等教育研究》2020 年第 3 期。

陈涛、邬大光：《高等教育公私并举与分类管理走势分析——基于中、法、德三国经验的视角》，《教育研究》2017 年第 7 期。

陈文联：《举办者视阈下民办高校分类管理制度的调适与创新》，《中国高教研究》2018 年第 5 期。

段淑芬、杨红娟、阙明坤：《民办高校营利或非营利性质选择困境及其对策——基于行为决策理论》，《高教探索》2021 年第 1 期。

费坚、李斯明、魏训鹏：《基于复杂性范式的非营利性民办高校风险治理》，《教育发展研究》2018 年第 23 期。

巩丽霞：《民办高校分类管理的地方政策比较分析与建议》，《高校教育管理》2015 年第 3 期。

郭伟光：《民办高校风险防范中的相关利益人行为研究》，《教育与职业》2016 年第 16 期。

黄藤：《从办学实践谈民办高校分类管理》，《教育经济评论》2016 年第 2 期。

黄崴、李文章：《民办高校分类管理改革的"中间路线"：基于举办者视角的分析》，《中国高教研究》2017年第2期。

景安磊、周海涛：《改革开放以来我国民办教育法制建设历程与特征》，《中国教育法制评论》2019年第2期。

景安磊、周海涛：《高质量实现高职院校扩招100万的路径》，《中国高等教育》2019年第8期。

景安磊、周海涛：《加强高校教师队伍建设的关键任务和路径探析》，《国家教育行政学院学报》2019年第3期。

景安磊、周海涛：《民办学校教师队伍建设改革的法规保障》，《教育与经济》2018年第3期。

景安磊、周海涛：《我国民办教育改革发展的回顾与思考》，《宁波大学学报》（教育科学版）2020年第2期。

景安磊：《构建现代高等职业教育体系的任务路径》，《中国高等教育》2021年第10期。

景安磊：《民办高校教师权益实现的问题、思路和措施》，《国家教育行政学院学报》2014年第12期。

景安磊：《推进高校落实立德树人根本任务的有效路径》，《中国高等教育》2020年第Z1期。

鞠光宇：《分类管理制度下民办高校的法人治理结构建构研究》，《高教探索》2017年第1期。

柯佑祥：《民办高校分类管理新政的设计方略》，《江苏高教》2012年第3期。

李俊杰：《新形势下民办高校融资风险防范：理论探索和路径创新》，《浙江树人大学学报》（人文社会科学）2021 年第 5 期。

李虔、刘亮军：《民办高校分类管理的风险识别与防范》，《浙江树人大学学报》（人文社会科学）2020 年第 3 期。

李文章：《民办高校分类管理改革的思路、原则与政策建议》，《教育与职业》2014 年第 18 期。

刘俊新：《浅谈民办高校财务风险控制》，《教育学术月刊》2010 年第 8 期。

刘学民：《分类管理背景下我国营利性民办高校的风险防控研究》，博士学位论文，中国社会科学院研究生院，2020 年。

刘耀明：《民办高校分类管理的制度逻辑》，《复旦教育论坛》2011 年第 3 期。

吕宜之：《分类管理视域下非营利性民办高校多元筹资的境遇与对策》，《教育与经济》2020 年第 5 期。

平和光、冯皓：《我国高校分类管理的制度化进程、演变特征与未来遵循》，《现代教育科学》2020 年第 3 期。

阙海宝、雷承波：《我国民办高校与美国营利性大学的比较及其对分类管理改革的启示》，《教育与职业》2016 年第 12 期。

阙明坤、段淑芬：《我国民办高校改革发展成效、经验及展望——〈教育规划纲要〉实施十年审视》，《大学教育科学》2021 年第 2 期。

石猛、侯琮：《民办高校治理能力的特殊性与提升路径》，《复旦教育论坛》2021 年第 3 期。

史雯婷：《民办高校办学风险及其监管体系建构》，《教育发展研究》2008 年第 24 期。

陶咏梅：《基于系统理论的民办高校风险管理模型构建及风险规避》，《教育与职业》2015 年第 32 期。

王洪才、景安磊、阙明坤、金成、倪涛、杨程：《终身教育体系建设中我国民办教育的作用与发展——"构建服务全民终身学习的教育体系"笔会系列四》，《终身教育研究》2020 年第 5 期。

王鲁刚：《我国发展营利性民办高校的困境及其策略》，《教育发展研究》2017 年第 Z1 期。

王诺斯、张德祥：《制度创新视域下民办高校分类管理的现实困境分析》，《中国高教研究》2017 年第 2 期。

王诺斯：《营利性与非营利性民办高校分类管理研究》，博士学位论文，大连理工大学，2017 年。

王旭：《基于层次分析法的民办高校办学风险管理》，《教育发展研究》2013 年第 3 期。

吴华、章露红：《对民办学校分类管理"国家方案"的政策风险分析》，《中国高教研究》2015 年第 11 期。

肖俊茹、王一涛、石猛：《民办高校办学风险的根源探析及防范对策——基于 32 所民办高校办学风险的案例》，《中国成人教育》2017 年第 15 期。

徐绪卿：《关于民办高校分类管理的思考》，《教育发展研究》2011 年第 12 期。

徐绪卿：《浅论教育政策滞后性现象——以民办高校分类管理政策为例》，《教育与经济》2019 年第 6 期。

杨程、于京天：《我国民办高校分类管理路径选择与分析》，《中国高等教育》2019 年第 9 期。

杨炜长：《利益相关者视角下民办高校办学风险的防范》，《高等教育研究》2012 年第 9 期。

赵淑梅、刘学军：《我国民办高校分类管理政策的执行问题与对策研究》，《现代教育科学》2019 年第 4 期。

钟秉林、景安磊：《独立学院转设现状分析与转设后可持续发展路径探析》，《中国高教研究》2021 年第 4 期。

钟秉林、周海涛、景安磊、郑淑超：《民办高校集团化办学的发展态势、利弊分析及治理路径》，《中国高教研究》2020 年第 2 期。

周海涛、景安磊、刘永林：《增强高等教育内涵式发展能力》，《教育研究》2018 年第 4 期。

周海涛、景安磊、刘永林：《助力支持和规范民办教育发展》，《教育研究》2017 年第 12 期。

周海涛、景安磊：《民办教育将获得多重正效——聚焦新〈民办教育促进法〉》，《中国教育学刊》2017 年第 3 期。

周海涛、景安磊：《民办学校教师队伍建设面临的问题及其成因》,《当代教师教育》2015 年第 3 期。

周海涛、景安磊:《让社会力量办学迸发出新活力》,《中国高等教育》2018 年第 20 期。

周海涛、郑淑超、景安磊:《民办高校上市的历程、影响及对策》,《中国高教研究》2021 年第 7 期。

周守亮、赵彦志:《民办高等教育分类管理实施路径与策略研究》,《教育研究》2014 年第 5 期。

朱莺:《生源危机中民办高校办学风险分析及对策》,《教育与职业》2016 年第 3 期。

附录　主要政策文件表

发布日期	发文单位	文件全称
2016－11－07	第十二届全国人大常委会第二十四次会议	《全国人民代表大会常务委员会关于修改〈中华人民共和国民办教育促进法〉的决定》
2016－12－29	中共中央办公厅	《关于加强民办学校党的建设工作的意见（试行）》
2017－01－18	教育部、人力资源社会保障部、民政部、中央编办、工商总局	《民办学校分类登记实施细则》
2017－01－18	教育部、人力资源社会保障部、工商总局	《营利性民办学校监督管理实施细则》
2017－01－18	国务院	《国务院关于鼓励社会力量兴办教育促进民办教育健康发展的若干意见》
2017－03－15	第十二届全国人民代表大会第五次会议	《中华人民共和国民法总则》
2017－08－31	工商总局、教育部	《关于营利性民办学校名称登记管理有关工作的通知》
2017－10－27	工商总局	《中华人民共和国企业法人登记管理条例施行细则》
2021－05－14	国务院	《中华人民共和国民办教育促进法实施条例》（修订后）

续表

发布日期	发文单位	文件全称
2021－05－16	中共中央办公厅、国务院办公厅	《关于规范民办义务教育发展的意见》
2021－07－19	教育部等八部门	《关于规范公办学校举办或者参与举办民办义务教育学校的通知》
2017－09－30	辽宁省人民政府	《辽宁省人民政府关于鼓励社会力量兴办教育促进民办教育健康发展的实施意见》
2017－10－17	安徽省人民政府	《安徽省人民政府关于鼓励社会力量兴办教育促进民办教育健康发展的实施意见》
2017－11－08	甘肃省人民政府	《甘肃省人民政府关于进一步促进民办教育健康发展的实施意见》
2017－11－20	天津市人民政府	《天津市人民政府关于鼓励社会力量兴办教育促进民办教育健康发展的实施意见》
2017－12－18	云南省人民政府	《云南省人民政府关于鼓励社会力量兴办教育促进民办教育健康发展的实施意见》
2017－12－20	湖北省人民政府	《湖北省人民政府关于鼓励社会力量兴办教育促进民办教育健康发展的实施意见》
2017－12－26	浙江省人民政府	《浙江省人民政府关于鼓励社会力量兴办教育促进民办教育健康发展的实施意见》
2017－12－27	上海市人民政府	《上海市人民政府关于促进民办教育健康发展的实施意见》
2018－01－02	内蒙古自治区人民政府	《内蒙古自治区人民政府关于鼓励社会力量兴办教育促进民办教育健康发展的实施意见》
2018－01－03	河北省人民政府	《河北省人民政府关于鼓励社会力量兴办教育促进民办教育健康发展的实施意见》
2018－01－14	陕西省人民政府	《陕西省人民政府关于鼓励社会力量兴办教育促进民办教育健康发展的实施意见》

发布日期	发文单位	文件全称
2018 – 02 – 02	河南省人民政府	《河南省人民政府关于鼓励社会力量兴办教育进一步促进民办教育健康发展的实施意见》
2018 – 02 – 09	海南省人民政府	《海南省人民政府关于鼓励社会力量兴办教育促进民办教育健康发展的实施意见》
2018 – 02 – 22	江苏省人民政府	《省政府关于鼓励社会力量兴办教育促进民办教育健康发展的实施意见》
2018 – 02 – 27	青海省人民政府	《青海省人民政府关于鼓励社会力量兴办教育促进民办教育健康发展的实施意见》
2018 – 04 – 24	广东省人民政府	《广东省人民政府关于鼓励社会力量兴办教育促进民办教育健康发展的实施意见》
2018 – 05 – 21	宁夏回族自治区人民政府	《自治区人民政府关于鼓励社会力量兴办教育促进民办教育健康发展的实施意见》
2018 – 05 – 30	山东省人民政府	《山东省人民政府关于鼓励社会力量兴办教育促进民办教育健康发展的实施意见》
2018 – 06 – 01	重庆市人民政府	《重庆市人民政府关于进一步促进民办教育健康发展的实施意见》
2018 – 06 – 29	江西省人民政府	《江西省人民政府关于鼓励社会力量兴办教育促进民办教育健康发展的实施意见》
2018 – 07 – 02	广西壮族自治区人民政府	《广西壮族自治区人民政府关于鼓励社会力量兴办教育促进民办教育健康发展的实施意见》
2018 – 07 – 16	贵州省人民政府	《省人民政府关于支持和规范社会力量兴办教育促进民办教育健康发展的实施意见》
2018 – 07 – 25	山西省人民政府办公厅	《山西省人民政府办公厅关于支持和规范社会力量兴办教育促进民办教育健康有序发展的若干意见》
2018 – 08 – 17	吉林省委省政府	《省委省政府关于鼓励社会力量兴办教育促进民办教育健康发展的实施意见》

发布日期	发文单位	文件全称
2018 - 09 - 17	四川省人民政府	《四川省人民政府关于鼓励社会力量兴办教育促进民办教育健康发展的实施意见》
2018 - 11 - 29	北京市人民政府	《北京市人民政府关于鼓励社会力量兴办教育促进民办教育健康发展的实施意见》
2018 - 12 - 03	西藏自治区人民政府	《西藏自治区人民政府关于促进民办教育健康发展的实施意见》
2019 - 01 - 22	湖南省人民政府	《湖南省人民政府关于鼓励社会力量兴办教育促进民办教育健康发展的实施意见》
2019 - 03 - 01	黑龙江省人民政府	《黑龙江省关于鼓励社会力量兴办教育促进民办教育健康发展实施意见》
2019 - 06 - 03	福建省人民政府	《福建省人民政府关于民办学校分类管理改革的通知》
2019 - 09 - 04	新疆维吾尔自治区教育厅等5部门	《自治区关于规范社会力量办学促进民办教育健康发展的通知》